—— • 重庆工商大学经济学院"重庆市经济学拔尖人才
培养示范基地"与国家一流专业建设点系列成果

宏观经济学
习题集

HONGGUAN JINGJIXUE
XITI JI

李录青　何泱泱　唐丽淼 ○ 编著

西南财经大学出版社
Southwestern University of Finance & Economics Press
中国·成都

图书在版编目(CIP)数据

宏观经济学习题集/李录青,何泱泱,唐丽淼编著.

成都:西南财经大学出版社,2024.11. --ISBN 978-7-5504-6452-0

Ⅰ. F015-44

中国国家版本馆 CIP 数据核字第 2024MR1213 号

宏观经济学习题集

李录青　何泱泱　唐丽淼　编著

责任编辑:李特军
责任校对:冯　雪
封面供图:董潇枫
封面设计:何东琳设计工作室
责任印制:朱曼丽

出版发行	西南财经大学出版社(四川省成都市光华村街 55 号)
网　　址	http://cbs. swufe. edu. cn
电子邮件	bookcj@ swufe. edu. cn
邮政编码	610074
电　　话	028-87353785
照　　排	四川胜翔数码印务设计有限公司
印　　刷	郫县犀浦印刷厂
成品尺寸	185 mm×260 mm
印　　张	12.875
字　　数	274 千字
版　　次	2024 年 11 月第 1 版
印　　次	2024 年 11 月第 1 次印刷
印　　数	1—2000 册
书　　号	ISBN 978-7-5504-6452-0
定　　价	38.00 元

▶▶ 前言

　　"西方经济学"是经管类专业重要的学科基础课程之一，同时也是经管类专业硕士研究生的专业基础知识考试课程。为了帮助学生，特别是初学者更好地学习这门课程，领会宏观经济学基本理论、宏观经济学理论的应用以及解题的思路和技巧，我们根据多年的教学经验，特意编写了这本《宏观经济学习题集》。此书在 2015 年版李录青主编的《西方经济学（宏观经济学）习题集》的基础上进行了修改和完善。本书是结合马克思主义理论研究和建设工程重点教材《西方经济学（下册）》，以及中国人民大学高鸿业教授主编的《西方经济学（宏观部分）》的教材内容进行编写的。全书各章知识点清晰、直观，精选题例丰富，内容重点突出，便于学生对宏观经济学理论的学习和应用。

　　本书共十一章，每一章包括以下五个方面的内容：

　　一是本章知识鸟瞰图。这部分旨在帮助学生一目了然地知道本章学习的主要内容，以及本章知识点与知识点之间的相互联系。

　　二是本章重点与难点。这部分主要是对该章的重要知识点进行系统的梳理，包括该章的基本概念、基本定律和公式等。

　　三是本章复习与思考题答案。这部分根据教材知识点对该章的课后习题作了详细的解答，并对部分题目提出了解题思路和方法。

　　四是本章课后辅导题。在这部分，为了巩固本章的知识点，我们精选了一部分辅导题来检验学生的学习效果，以提升学生的知识应用能力和思维水平。

　　五是本章课后辅导题答案及分析。这部分对本章课后辅导题作了详细的解答，同时给出了解题思路和方法，以提升学生的知识掌握能力和解题能力。

　　本书第一章、二章、七章、八章、九章主要由何决决老师完成；第三章、四章、五章主要由唐丽淼老师完成；第六章、十章、十一章主要由李录青老师完成。同时，对我校重庆工商大学"西方经济学"课题组其他老师的辛勤付出表示深深的感谢！

本书在编写时参考了大量同类书籍，在此向这些书籍的编著者表示衷心的谢意！限于编写人员的知识水平和教学经验，书中难免有不妥之处，敬请各位读者向本书编者提出宝贵意见，以便我们修正。

编者

2024 年 8 月

►► 目录

104/ 第六章　宏观经济政策

130/ 第七章　蒙代尔-费莱明模型

142/ 第八章　经济增长

第一章

国民收入核算

一、本章知识鸟瞰图

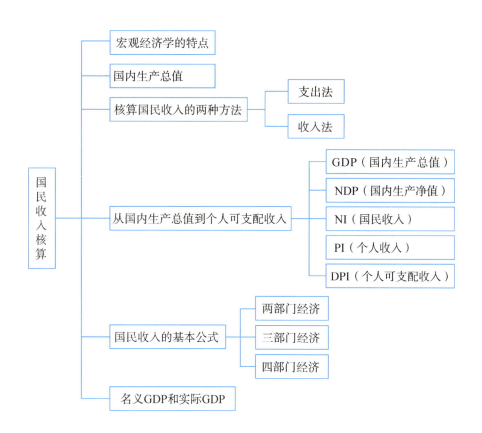

二、本章重点与难点

（一）宏观经济学

1. 宏观经济学的研究对象

宏观经济学以国民经济总体行为为研究对象，研究社会总体的经济行为及其后果。

2. 宏观经济学的分析方法

宏观经济学采用的分析方法是总量分析方法。

（二）国内生产总值

国内生产总值（GDP）是指一定时期内在一国（或地区）境内生产的所有最终产品（物品和服务）的市场价值的总和。要弄清国内生产总值这一概念，我们需要先了解中间产品和最终产品这两个概念。直接出售给最终消费者的产品和服务就是最终产品，向中间产品是指由一家企业生产出来被另一家企业当作投入品的产品和服务。

理解这一定义时，我们应注意以下几点：

（1）GDP 是指最终产品的总价值。因此，计算 GDP 时不应包括中间产品价值，否则会造成重复计算。

（2）GDP 是一国范围内生产的最终产品的市场价值。这是一个地域概念，即它不仅包括本国国民所生产的最终产品的市场价值，还包括外国国民在本国国土上所生产的最终产品的市场价值。与国内生产总值相联系的国民生产总值（GNP）则是一个国民概念，它是指某国国民所拥有的全部生产要素所生产的最终产品的市场价值总和，即不仅包括在本国境内的国民所生产的最终产品的市场价值，而且还包括该国国民从外国所获得的收入。

（3）GDP 是指当期内生产出来的最终产品的市场价值，因此，计算 GDP 时不应包括以前某一时期生产的最终产品的市场价值。

（4）GDP 是一定时期内所生产而不是所售出的最终产品的价值。生产出来而未售出的部分可以看作企业自己买下来的部分，因而是存货投资，也计入 GDP。从量上来看，生产出的产品价值与售出的产品价值可能相等，也可能不相等。

（5）GDP 一般仅指市场活动导致的价值。不经过市场销售的最终产品不计入 GDP 中。例如，家务劳动、自给性生产等非市场活动不计入 GDP 中。

（6）GDP 中的最终产品不仅包括有形的最终产品，而且包括无形的最终产品——劳务。例如，旅游、服务、卫生、教育等行业提供的劳务，按其所获得的报酬计入 GDP 中。

（三）核算国民收入的两种方法

核算 GDP 有三种方法，即生产法、收入法和支出法。最常用的是收入法和支出法。

1. 支出法

支出法是从产品的使用出发，把一定时期内购买的各项最终产品的支出加总而计算出的该年内生产的最终产品的市场价值。

按支出法计算 GDP 的公式：

$$GDP = C+I+G+（X-M）$$

消费（C）包括购买耐用消费品的支出、非耐用消费品的支出以及劳务的支出。建造住宅的支出不属于消费。

投资（I）是指增加或更新资本资产（包括厂房、机器设备、住宅及存货）的支出。投资包括固定资产投资和存货投资两大类。固定资产投资指新造厂房、购买新设备、建筑新住宅的投资。

政府购买（G）是指各级政府购买物品和劳务的支出。政府转移支付不计入国内生产总值中。

净出口（$X-M$）是指进出口的差额，即出口额减去进口额。

2. 收入法

收入法核算 GDP，就是从收入的角度，把生产要素在生产中所得到的各种收入相加来计算 GDP，即把劳动所得到的工资、土地所有者得到的地租、资本所得到的利息以及企业家才能所得到的利润相加来计算 GDP。其包括以下项目：

（1）工资、利息和租金等这些生产要素的报酬。但政府公债利息和消费信贷利息不包括在内。

（2）非公司企业主收入。

（3）公司税前利润。

（4）企业转移支付及企业间接税。

（5）资本折旧。

按收入法计算 GDP 的公式：

$$GDP = 工资+利息+利润+租金+间接税和企业转移支付+折旧$$

（四）从国内生产总值到个人可支配收入

国内生产总值（GDP）是指一定时期内在一国（或地区）境内生产的全部最终产品（物品和劳务）的市场价值。

$$国内生产净值（NDP）= 国内生产总值（GDP）-折旧$$
$$国民收入（NI）= NDP-间接税-企业转移支付+政府补助金$$

$$个人收入（PI）＝NI-公司未分配利润-公司所得税-社会保险税（费）$$
$$+政府转移支付$$
$$个人可支配收入（DPI）＝个人收入（PI）-个人所得税$$

（五）国民收入基本公式

用支出法、收入法与生产法所得出的国内生产总值的一致性，可以说明国民经济中存在的一个基本平衡关系。总支出代表了社会对最终产品的总需求，而总收入和总产量代表了社会对最终产品的总供给。因此，从国内生产总值的核算方法中可以得出这样一个恒等式：

$$总需求＝总供给$$

1. 两部门经济的收入构成及储蓄-投资恒等式

两部门经济指由厂商和家庭居民这两种经济单位所组成的经济社会，这是一种最简单的经济。

从支出的角度看，$Y=C+I$；

从收入的角度看，$Y=C+S$；

由于 $C+I=C+S$，所以 $I=S$。这就是储蓄-投资恒等式，即投资＝私人储蓄。

2. 三部门经济的收入构成及储蓄-投资恒等式

三部门经济是指由厂商、家庭与政府这三种经济单位所组成的经济社会。

从支出的角度看，$Y=C+I+G$；

从收入的角度看，$Y=C+S+T$（T 表示政府净收入，则 $T=T_0-T_r$）；

由于 $C+I+G=C+S+T$，所以 $I=S+（T-G）$，即投资＝私人储蓄+政府储蓄。

3. 四部门经济的收入构成及储蓄-投资恒等式

四部门经济是指由家庭、厂商、政府和国外部门这四种经济单位所组成的经济社会。

从支出的角度看，$Y=C+I+G+（X-M）$；

从收入的角度看，$Y=C+S+T+K_r$；

由于 $C+I+G+（X-M）=C+S+T+K_r$，所以 $I=S+（T-G）+（M-X+K_r）$，即投资＝私人储蓄+政府储蓄+外国对本国的储蓄。

（六）名义 GDP 和实际 GDP

一国 GDP 的变动由两个因素造成：一是所生产的物品和劳务的数量变动；二是所生产的物品和劳务的价格变动。

名义 GDP 是用所生产的物品和劳务的当年价格计算的全部最终产品的市场价值。

实际 GDP 是用从前某一年作为基期价格计算出来的全部最终产品的市场价值。

$$GDP 折算指数＝名义 GDP÷实际 GDP$$

三、本章复习与思考题答案

1. 宏观经济学和微观经济学有什么联系和区别？为什么有些经济活动从微观看是合理的、有效的，而从宏观看却是不合理的、无效的？

答：两者之间的区别体现在以下四个方面：

（1）研究的对象不同。微观经济学研究组成整体经济的单个经济主体的最优化行为，而宏观经济学研究一国整体经济的运行规律和宏观经济政策。

（2）解决的问题不同。微观经济学要解决资源配置问题，而宏观经济学要解决资源利用问题。

（3）中心理论不同。微观经济学的中心理论是价格理论，所有的分析都是围绕价格机制的运行展开的，而宏观经济学的中心理论是国民收入（产出）理论，所有的分析都是围绕国民收入（产出）的决定展开的。

（4）研究方法不同。微观经济学采用的是个量分析方法，而宏观经济学采用的是总量分析方法。

两者之间的联系主要体现在以下三个方面：

（1）相互补充。经济学研究的目的是实现社会经济福利的最大化。为此，经济社会既要实现资源的最优配置，又要实现资源的充分利用。微观经济学是在假设资源得到充分利用的前提下研究资源如何实现最优配置的问题，而宏观经济学是在假设资源已经实现最优配置的前提下研究如何充分利用这些资源。它们共同构成经济学的基本框架。

（2）微观经济学和宏观经济学都以实证分析作为主要的分析和研究方法。

（3）微观经济学是宏观经济学的基础。当代宏观经济学越来越重视微观基础的研究，即将宏观经济的分析建立在微观经济主体行为分析的基础上。

由于微观经济学和宏观经济学分析问题的角度不同，分析方法也不同，因此有些经济活动从微观看是合理的、有效的，而从宏观看是不合理的、无效的。例如，在经济生活中，某个厂商降低工资，从该企业的角度看，成本低了，市场竞争力强了，但是如果所有厂商都降低工资，则之前降低工资的那个厂商的竞争力就不会增强，而且职工整体工资收入降低以后，整个社会的消费以及有效需求也会降低。同样，一个人或者一个家庭实行节约，可以增加家庭财富，但是如果大家都节约，社会需求就会降低，生产和就业就会受到影响。

2. 举例说明最终产品和中间产品的区别不是根据产品的物质属性而是根据产品是否进入最终使用者手中。

答：在国民收入核算中，一件产品到底是中间产品还是最终产品，不能根据产品的物质属性来加以区别，而只能根据产品是否进入最终使用者手中这一点来加以区别。例如，我们不能根据产品的物质属性来判断面粉和面包究竟是最终产品还是中间产品。看起来，面粉一定是中间产品，面包一定是最终产品。其实不然。如果面粉为面包厂所购买，则面粉是中间产品，如果面粉为家庭主妇所购买，则是最终产品。同样，如果面包由面包商店卖给消费者，则此面包是最终产品，但如果面包由生产厂出售给面包商店，则它还属于中间产品。

3. 举例说明经济中流量和存量的区别。财富和收入是流量还是存量？

答：存量指某一时点上存在的某种经济变量的数值，其大小没有时间维度；而流量是指一定时期内发生的某种经济变量的数值，其大小有时间维度。但是二者也有联系，流量来自存量，又归于存量，存量由流量累积而成。拿财富与收入来说，财富是存量，收入是流量。

4. 为什么人们从公司债券中得到的利息应计入 GDP，而从政府公债中得到的利息不计入 GDP？

答：购买公司债券实际上是借钱给公司用，公司将从人们手中借到的钱用来生产经营，比方说购买机器设备，这样这笔钱就提供了生产性服务，可被认为创造了价值，因而公司债券的利息可看作资本这一要素提供生产性服务的报酬或收入，因此要计入 GDP。而政府的公债利息被看作转移支付，因为政府借的债不一定用于生产经营，而往往是用于弥补财政赤字。政府公债利息常常被看作用从纳税人身上取得的收入来加以支付的，因而习惯上被看作转移支付。

5. 为什么人们购买债券和股票从个人来说可算是投资，但在经济学上不算是投资？

答：经济学上所讲的投资是增加或替换资本资产的支出，即建造新厂房、购买新机器设备等行为，而人们购买债券和股票只是一种证券交易活动，并不是实际的生产经营活动。人们购买债券或股票，是一种产权转移活动，因而不属于经济学意义的投资活动，也不能计入 GDP。公司从人们手里取得了出售债券或股票的货币资金再去购买厂房或机器设备，才算投资活动。

6. 为什么政府给公务员发工资要计入 GDP，而给灾区或困难人群发放的救济金不计入 GDP？

解答：政府给公务员发工资要计入 GDP 是因为公务员为社会提供了服务，政府给他们的工资就是购买他们的服务，因此属于政府购买。而政府给灾区或困难人群发放的救济金不计入 GDP，并不是因为灾区或困难人群提供了服务，创造了收入；相反，是因为他们出现了经济困难，丧失了生活来源才给予其救济的，因此这部分救济金属于政府转移支付。政府转移支付只是简单地通过税收（包括社会保险税）把收入从一个人或一个组织手中转移到另一个人或另一个组织手中，并没有相应的货物或劳务的交换发生。所以政府转移支付和政府购买虽都属政府支出，但前者不计入 GDP 而后者计入 GDP。

7. 为什么企业向政府缴纳的间接税（如营业税）也计入GDP？

答：间接税虽是由出售产品的厂商缴纳，但它是加到产品价格上作为产品价格的构成部分由购买者负担的。间接税虽然不形成要素所有者收入，而是政府的收入，但毕竟是购买商品的家庭或厂商的支出，因此，为了使支出法计得的GDP和收入法计得的GDP相一致，间接税应加到收入方面计入GDP。举例说，某人购买一件上衣支出100美元，这100美元以支出形式计入GDP。实际上，若这件上衣价格中含有5美元的营业税和3美元的折旧，则作为要素收入的只有92美元。因而，以收入法计算GDP时，我们应把这5美元和3美元一起加到92美元中作为收入计入GDP。

8. 下列项目是否计入GDP，为什么？

（1）政府转移支付；（2）购买一辆用过的卡车；（3）购买普通股票；（4）购买一块地产。

答：（1）政府转移支付不计入GDP，因为政府转移支付只是简单地通过税收（包括社会保险税）把收入从一个人或一个组织手中转移到另一个人或另一个组织手中，并没有相应的货物或劳务的交换发生。例如，政府给残疾人发放救济金，并不是因为残疾人创造了收入；相反，是因为他丧失了创造收入的能力从而失去了生活来源才给予其救济的。

（2）购买用过的卡车不计入GDP，因为卡车生产时已经计入GDP了，当然买卖这辆卡车的交易手续费是计入GDP的。

（3）买卖股票的价值不计入GDP，例如我买卖了一万元某股票，这仅是财产权的转移，并不是价值的生产。

（4）购买一块地产也只是财产权的转移，因而也不计入GDP。

9. 在统计中，社会保险税增加对GDP、NDP、NI、PI和DPI这五个总量中哪个总量有影响？为什么？

答：社会保险税实质上是企业和职工为得到社会保障而支付的保险金，它由政府有关部门（一般是社会保险局）按一定比率以税收的形式征收。社会保险税是从国民收入中扣除的，因此，社会保险税的增加并不影响GDP、NDP和NI，但影响个人收入PI。社会保险税增加会减少个人收入，从而在某种意义上也会影响个人可支配收入。然而，社会保险税的增加并不直接影响个人可支配收入，因为一旦个人收入确定以后，只有个人所得税的变动才会影响个人可支配收入DPI。

10. 如果甲乙两国合并成一个国家，对GDP总和会有什么影响（假定两国产出不变）？

答：如果甲乙两国合并成一个国家，对GDP总和会有影响。因为甲乙两国未合并成一个国家时，双方可能有贸易往来，但这种贸易只会影响甲国或乙国的GDP，对两国GDP总和不会有影响。举例说，甲国向乙国出口10台机器，价值10万美元，乙国向甲国出口800套服装，价值8万美元，从甲国看，计入GDP的有净出口2万美元，从乙国看，计入 GDP 的有净出口-2 万美元；从两国 GDP 总和看，计入 GDP 的价值为零。如果这两国并成一个国家，两国贸易就变成两地区间的贸易。甲地区出售给乙地区 10 台机器，从收入看，甲地区增加 10 万美元；从支出看，乙地区增加 10 万美元。相反，乙地区出售给甲地区 800 套服装，从收入看，乙地区增加 8 万美元；从支出看，甲地区增加 8 万美元。由于甲乙两地属于同一个国家，因此，该国共收入 18 万美元，而投资加消费的支出也是 18 万美元，因此，无论从收入还是从支出看，计入 GDP 的价值都是 18 万美元。

11. 假设某国某年发生了以下活动：一银矿公司支付 7.5 万美元工资给矿工开采了 50 千克银卖给一银器制造商，售价 10 万美元；银器制造商支付 5 万美元工资给工人加工一批项链卖给消费者，售价 40 万美元。

（1）用最终产品生产法计算 GDP。

（2）每个生产阶段生产了多少价值？用增值法计算 GDP。

（3）在生产活动中赚得的工资和利润各为多少？用收入法计算 GDP。

答：（1）项链为最终产品，价值 40 万美元。

（2）开矿阶段生产 10 万美元，银器制造阶段生产 30 万美元，即 40 万美元-10 万美元=30 万美元，两个阶段共增值 40 万美元。

（3）在生产活动中，所获工资共计：7.5+5=12.5（万美元）

在生产活动中，所获利润共计：（10-7.5）+（30-5）=27.5（万美元）

用收入法计得的 GDP：12.5+27.5=40（万美元）

可见，用最终产品法、增值法和收入法计得的 GDP 是相同的。

12. 一经济社会生产三种产品：书本、面包和菜豆。它们在 1998 年和 1999 年的产量和价格如表 1-1 所示。

表 1-1　产量和价格

产品名称	1998 年		1999 年	
	数量	价格	数量	价格
书/本	100	10 美元	110	10 美元
面包/条	200	1 美元	200	1.5 美元
菜豆/千克	500	0.5 美元	450	1 美元

试求：

（1）1998 年名义 GDP。

（2）1999 年名义 GDP。

（3）以 1998 年为基期，1998 年和 1999 年的实际 GDP 是多少，这两年实际 GDP 变化的百分比是多少？

（4）以 1999 年为基期，1998 年和 1999 年的实际 GDP

变化的百分比是多少?

（5）"GDP 的变化取决于我们用哪一年的价格作衡量实际 GDP 的基期的价格。"这句话对否?

（6）用 1998 年作为基期,计算 1998 年和 1999 年的 GDP 折算指数。

答:（1） 1998 年名义 GDP = 100×10+200×1+500×0.5 = 1 450（美元）。

（2） 1999 年名义 GDP = 110×10+200×1.5+450×1 = 1 850（美元）。

（3）以 1998 年为基期,1998 年实际 GDP = 1 450 美元,1999 年实际 GDP = 110×10+200×1+450×0.5 = 1 525（美元）,这两年实际 GDP 变化百分比 =（1 525 - 1 450）÷1 450×100% ≈ 5.17%。

（4）以 1999 年为基期,1999 年实际 GDP = 1 850（美元）,1998 年的实际 GDP = 100×10+200×1.5+500×1 = 1 800（美元）,这两年实际 GDP 变化百分比 =（1 850 - 1 800）÷1 800×100% ≈ 2.78%。

（5）GDP 的变化由两个因素造成:一是所生产的物品和劳务数量的变动,二是所生产的物品和劳务价格的变动。"GDP 的变化取决于我们以哪一年的价格作衡量实际 GDP 的基期的价格"这句话只说出了后一个因素,所以是不完整的。

（6）用 1998 年作为基期,1998 年 GDP 折算指数 = 名义 GDP/实际 GDP = 1 450÷1 450×100% = 100%,1999 年 GDP 折算指数 = 1 850÷1 525×100% = 121.3%。

13. 假定一国有下列国民收入统计资料（见表 1-2）:

表 1-2　国民收入统计资料　　　　　　单位:亿美元

国内生产总值	4 800
总投资	800
净投资	300
消费	3 000
政府购买	960
政府预算盈余	30

试计算:

（1）国内生产净值。

（2）净出口。

（3）政府税收减去转移支付后的收入。

（4）个人可支配收入。

（5）个人储蓄。

答:（1）国内生产净值 = 国内生产总值 - 资本消耗补偿,而资本消耗补偿即折旧等于总投资减净投资后的余额,即 500 = 800 - 300,因此国内生产净值 = 4 800 - 500 = 4 300（亿美元）。

（2）从 GDP = $c+i+g+nx$ 中可知 $nx = GDP - c - i - g$,因此,净出口 nx = 400 - 300 - 800 -

960＝40（亿美元）。

（3）用 BS 代表政府预算盈余，T 代表净税收即政府税收减去转移支付后的收入，则有 BS＝$T-g$，从而有 T＝BS＋g＝30＋960＝990（亿美元）。

（4）个人可支配收入本来是个人收入减去个人所得税后的余额，本题的条件中没有说明间接税、公司利润、社会保险税等因素，因此，我们可从国民生产净值中直接得到个人可支配收入，即 y_d＝NNP－T＝4 300－990＝3 310（亿美元）。

（5）个人储蓄 S＝y_d-c＝3 310－3 000＝310（亿美元）。

14. 假定国内生产总值是 5 000，个人可支配收入是 4 100，政府预算赤字是 200，消费是 3 800，贸易赤字是 100（单位都是亿元）。

试计算：

（1）储蓄。

（2）投资。

（3）政府支出。

答：（1）用 s 代表储蓄（私人储蓄 sp），用 yd 代表个人可支配收入，则

s＝yd－c＝4 100－3 800＝300（亿元）

（2）用 i 代表投资，用 sp、sg、sr 分别代表私人部门、政府部门和国外部门的储蓄，则 sg＝$t-g$＝BS，在这里，t 代表政府税收收入，g 代表政府支出，BS 代表预算盈余，在本题中，sg＝BS＝－200。

sr 表示外国部门的储蓄，即外国的出口减去进口，对本国来说，则是进口减出口，在本题中为 100，因此投资为

i＝sp＋sg＋sr＝300＋（－200）＋100＝200（亿元）

（3）从 GDP＝$c+i+g+$（$x-m$）中可知，政府支出为

g＝5 000－3 800－200－（－100）＝1 100（亿元）

15. 储蓄-投资恒等式为什么不意味着计划的储蓄恒等于计划的投资？

答：在国民收入核算体系中存在的储蓄-投资恒等式完全是根据储蓄和投资的定义得出的。根据定义，国内生产总值等于消费加投资，国民总收入则等于消费加储蓄，国内生产总值又等于国民总收入，这样才有了储蓄恒等于投资的关系。这种恒等关系就是两部门经济的总供给（C＋S）和总需求（C＋I）的恒等关系。只要遵循储蓄和投资的这些定义，储蓄和投资就一定相等，而不管经济是否充分就业或存在通货膨胀，即是否均衡。但这一恒等式并不意味着人们意愿的或者说事前计划的储蓄总会等于企业想要的投资。在实际经济生活中，储蓄和投资的主体及动机都不一样，这就会引起计划投资和计划储蓄的不一致，形成总需求和总供给的不平衡，引起经济扩张和收缩。分析宏观经济均衡时所讲的投资要等于储蓄，是指只有计划投资等于计划储蓄时，才能形成经济的均衡状态。这和国民收入核算中实际发生的投资等于实际发生的储蓄这种恒等关系并不是一回事。

四、本章课后辅导题

(一) 名词解释

1. 中间产品　2. 国内生产总值　3. 国民生产总值　4. 名义国内生产总值

5. 实际国内生产总值　6. 国内生产总值折算指数　7. 最终产品

(二) 单项选择题

1. 下列哪一项不计入 GDP？（　　）

    A. 某国出口一笔货物获得的收入

    B. 政府发给失业者的失业补贴费

    C. 经纪人为一座旧房买卖收入的佣金

    D. 证券公司职工的工资所得

2. 下列产品中不属于中间产品的是（　　）。

    A. 某造船厂购进的钢材　　　　B. 某造船厂购进的厂房

    C. 某面包店购进的面粉　　　　D. 某服装厂购进的棉布

3. 下列居民收入中哪一项不是要素收入？（　　）

    A. 房租　　　　　　　　　　　B. 养老金

    C. 工资　　　　　　　　　　　D. 存款利息

4. 已知某国的期初资本存量为 30 000 亿美元，它在该期生产了 8 000 亿美元的资本品，资本折旧为 6 000 亿美元，则该国当期的总投资与净投资分别为（　　）。

    A. 22 000 亿美元和 24 000 亿美元　　B. 38 000 亿美元和 36 000 亿美元

    C. 8 000 亿美元和 6 000 亿美元　　　D. 8 000 亿美元和 2 000 亿美元

5. 在一个四部门经济模型中，GDP＝（　　）。

    A. 消费+净投资+政府购买+净出口

    B. 消费+总投资+政府购买+净出口

    C. 消费+净投资+政府购买+总出口

    D. 消费+总投资+政府购买+总出口

6. 下列各项中，属于要素收入的是（　　）。

    A. 企业间接税　　　　　　　　B. 政府的农产品补贴

    C. 公司存款利息　　　　　　　D. 政府企业盈余

7. 在统计中，社会保险税的变化将直接影响（　　）。

    A. GDP　　　　　　　　　　　B. NNP

    C. NI　　　　　　　　　　　　D. PI

8. 如果个人收入为 900 美元，消费 500 美元，储蓄 300 美元，个人所得税 100 美元，则个人可支配收入为（　　）美元。

    A. 600   B. 500

    C. 300   D. 800

9. 当年计入 GDP 的消费支出大于当年生产的消费品，表明（　　）。

    A. 购买了旧货   B. 购买了库存产品

    C. 当年产品出口增加   D. 统计错误

10. 已知个人可支配收入为 1 700 美元，个人所得税为 300 美元，个人储蓄为 500 美元，个人消费为 1 200 美元，则个人收入为（　　）。

    A. 2 000 美元   B. 2 200 美元

    C. 2 100 美元   D. 2 300 美元

11. 下列说法中不正确的是（　　）。

    A. 一旦个人收入确定以后，只有个人所得税的变动才会影响个人可支配收入

    B. 间接税不计入 GDP

    C. 间接税不计入 NI

    D. 居民购买股票的行为在经济学意义上不算投资

12. 下列哪一项不属于流量？（　　）

    A. 消费支出   B. GDP

    C. 某人拥有的金融证券的价值   D. 政府购买支出

13. 下列各项中不属于总投资的是（　　）。

    A. 商业建筑物和居民住宅   B. 购买耐用消费品的支出

    C. 商业存货的增加   D. 购买设备的支出

14. 在三部门经济中，居民储蓄 =（　　）。

    A. 净投资   B. 总投资

    C. 总投资-政府开支+折旧   D. 投资-政府储蓄

15. 名义 GDP 为 1 100，实际 GDP 为 1 000，则 GDP 折算指数为（　　）。

    A. 9.09   B. 90.91

    C. 1.11   D. 110

16. 已知在第一年名义 GDP 为 500，如到第六年 GDP 折算指数增加一倍，实际产出上升 40%，则第六年的名义 GDP 为（　　）。

    A. 2 000   B. 1 400

    C. 1 000   D. 750

17. 最终产品包括（　　）。

    A. 钢筋   B. 水泥

    C. 钳子   D. 稻谷

18. 石油的生产不能以下列哪种方式计入 GDP？（　　）

A. 石化企业购买石油支出　　　　B. 石化企业存货增加

C. 石油企业存货增加　　　　　　D. 出口

19. 一国的国民生产总值小于国内生产总值，说明该国公民从国外取得的收入
（　　）外国公民从该国取得的收入。

A. 大于　　　　　　　　　　　　B. 小于

C. 等于　　　　　　　　　　　　D. 可能大于也可能小于

20. "面粉是中间产品"这一命题（　　　　）。

A. 一定是对的　　　　　　　　　B. 一定不是对的

C. 可能是对的，也可能是不对的　D. 以上三种说法全对

（三）判断题

1. 政府公债利息应计入 GDP。　　　　　　　　　　　　　　　　　（　　　）

2. 农民生产并用于自己消费的粮食不应计入 GDP。　　　　　　　　（　　　）

3. 当我们测度一个特定时期所发生的事时，我们涉及的是一个流量。（　　　）

4. 在进行国民收入核算时，政府为公务人员加薪，应视为政府购买。（　　　）

5. 用支出法计算的 GDP 是消费支出、投资支出、政府支出和净出口的总和。

（　　　）

6. 用收入法计算的 GDP 中包括折旧，但折旧不属于要素收入。　　（　　　）

7. 用支出法计算 GDP 时的投资是净投资。　　　　　　　　　　　（　　　）

8. 在国民收入核算中所说的储蓄恒等于投资，是指计划的储蓄恒等于计划的投资。

（　　　）

9. 用收入法核算 GDP 时，企业债券利息应计入 GDP，因为企业举债是用于生产性
目的。　　　　　　　　　　　　　　　　　　　　　　　　　　　　（　　　）

10. 个人收入即个人消费支出与储蓄之和。　　　　　　　　　　　（　　　）

（四）简答题

1. 简述名义 GDP 和实际 GDP 的关系。

2. 简述 GDP 和 GNP 之间的关系。

3. 在国民收入核算时，中间产品的价值为什么不计入 GDP？

4. 政府转移支付为什么不计入 GDP？

5. 在用收入法核算 GDP 时，间接税为什么要计入？

（五）计算题

1. 某国某一年的国内生产总值为 150 000 亿元，总投资为 1 800 亿元，净投资 500
亿元，消费为 90 000 亿元，政府购买支出为 3 000 亿元。求：（1）净出口额；（2）国
内生产净值。

2. 若某国的消费支出为 1 200 亿美元，个人储蓄为 200 亿美元，政府购买支出为
500 亿美元，假定该国政府预算是平衡的，试用收入法核算该国 GDP。

3. 若以下是某国国民经济统计资料：净投资为 120 亿美元，净出口为 30 亿美元，折旧为 70 亿美元，政府转移支付为 80 亿美元，个人消费支出为 800 亿美元，企业间接税为 70 亿美元，政府购买为 200 亿美元，社会保险税为 130 亿美元，公司未分配利润为 80 亿美元，公司所得税为 60 亿美元，个人所得税为 80 亿美元。试计算：

（1）国内生产总值 GDP。

（2）国内生产净值 NDP。

（3）国民收入 NI。

（4）个人收入 PI。

（5）个人可支配收入。

4. 假定丁为丙提供服务应得报酬 500 美元，丙为丁提供服务应得报酬 400 美元，丁丙商定相互抵消 400 美元，结果丁只收取乙 100 美元。试计算应计入 GDP 多少？

5. 假定以下是某国的统计资料：国内生产总值为 160 000，总投资为 1 800，净投资 800，消费 100 000，政府购买支出 4 000（所有单位均为万美元）。试计算：

（1）净出口额。

（2）国内生产净值。

（六）论述题

论述国民收入基本公式。

五、本章课后辅导题答案及分析

（一）名词解释

1. 中间产品是指由一家企业生产出来被另一家企业当作投入品的产品和服务。

2. 国内生产总值是一定时期内在一国（或地区）境内所生产的全部最终产品（物品和劳务）的市场价值。

3. 国民生产总值是指某国国民所拥有的全部生产要素在一定时期内所生产的最终产品的市场价值。

4. 名义国内生产总值（名义 GDP），也称货币 GDP，是指以生产物品和劳务的当年销售价格计算的全部最终产品的市场价值。

5. 实际国内生产总值（实际 GDP）是用基期价格计算出来的全部最终产品的市场价值。

6. 国内生产总值折算指数是名义 GDP 和实际 GDP 的比率。

7. 最终产品是指在一定时期内生产的并由其最后使用者购买的产品和劳务。

（二）单项选择题

1. B。政府发给失业者的补贴属于政府的转移支付，不应计入 GDP。

2. B。造船厂购进的厂房属于固定资产投资，不属于中间产品。

3. B。地租、利息、红利、工资属于要素收入。

4. D。总投资等于净投资加折旧。

5. B。在四部门经济中，在计入 GDP 的项目中，投资部门指的是总投资，包括固定资产投资和存货投资；国外部门指的是净出口总额，是出口与进口的差额。所以，GDP = 消费+总投资+政府购买+净出口。

6. C。工资、利息和租金属于生产要素的报酬。

7. D。PI = NI-公司未分配利润-公司所得税-社会保险税+政府转移支付。

8. D。个人可支配收入 = 个人收入-所得税。

9. B。在当年计入 GDP 中还包括存货投资。

10. A。个人可支配收入 = 个人收入-所得税。

11. B。国内生产净值 = GDP-折旧；国民收入（NI）= 国内生产净值-间接税-企业转移支付+政府补助金。

12. C。存量是某一时点的变量，而证券的价值属于某一时点的变量，属于其不属于流量。

13. B。总投资 = 固定资产投资+存货投资。固定资产投资包括商业建筑物、居民住宅和机器设备。

14. D。三部门经济中，投资 = 个人储蓄+政府储蓄。

15. D。GDP 折算指数 = 名义 GDP÷实际 GDP。

16. B。GDP 折算指数 = 名义 GDP÷实际 GDP。

17. C。最终产品是在一定时期内生产的并由其最后使用者购买的产品和劳务。钳子是最后使用者购买的产品。

18. A。GDP = 消费+投资+政府购买支出+净出口。

19. B。GDP 是一个地域的概念，而 GNP 是一个国民的概念。

20. C。面粉可能被企业作为中间产品生产其他产品；也可能被消费者购买直接用于消费。

（三）判断题

1. 错。因为从政府公债中获得的利息属于政府转移支付的一部分，不应计入 GDP。

2. 对。因为 GDP 一般仅指市场活动导致的价值。

3. 对。因为流量是一定时期内发生的变量，存量是一定时点上存在的变量。

4. 对。因为政府的购买是指各级政府购买物品和劳务的支出。政府为公务人员加薪属于劳务支出。

5. 错。因为用支出法计算的 GDP 是消费支出、投资支出、政府购买支出和净出口的总和，而不是政府支出。政府支出包括政府购买支出和转移支付，转移支付是不计入 GDP 的。

6. 对。因为资本折旧虽然不是要素收入，但包括在应回收的投资成本中，故也应计入 GDP。

7. 错。因为用支出法计算 GDP 时的投资是总投资。总投资包括净投资和折旧。

8. 错。因为在现实经济生活中，储蓄主要由居民户进行，投资主要由企业进行，个人储蓄动机和企业投资动机也不相同，这就会形成计划储蓄和计划投资的不一致。

9. 对。因为用收入法核算 GDP 时，利息是指人们给企业所提供的货币资金所得的利息收入如银行利息、企业债券利息等。

10. 错。因为个人消费支出与储蓄之和是个人可支配收入。

（四）简答题

1. 答：名义 GDP 是用生产物品和劳务的当年价格计算的全部最终产品的市场价值，它不考虑通货膨胀因素。

实际 GDP 是用从前某一年作为基期价格计算出来的全部最终产品的市场价值。

二者的换算公式：名义 GDP＝实际 GDP×GDP 折算指数。

2. 答：GDP 是一个经济社会在一定时期内由所拥有的生产要素所生产的全部最终产品（物品和劳务）的市场价值。它是个地域概念，即在该国领土上生产的最终产品和劳务的市场价值都应计入 GDP。

国民生产总值是指某国国民所拥有的全部生产要素在一定时期内所生产的最终产品的市场价值。它是个国民的概念，即只要是该国国民生产的最终产品和劳务的市场价值都应计入 GNP。

因为：GNP＝GDP+国外净要素收入；国外净要素收入＝在国外的本国公民的资本和劳务创造的价值-在本国的外国公民的资本和劳务创造的价值。

如果 GNP 大于 GDP，说明国外净要素收入为正数；如果 GNP 小于 GDP，说明国外净要素收入为负数。

3. 答：在核算 GDP 时，不计中间产品价值是为了避免 GDP 重复计算，若把中间产品价值计入，将会导致 GDP 比实际 GDP 大得多，为了避免重复计算可用价值增值法来核算 GDP。

4. 答：政府转移支付只是简单地把收入从一些人或一些组织转移到另一些人或一些组织，没有相应的物品和劳务的发生，所以政府转移支付不能计入 GDP。

5. 答：企业间接税虽然不是生产要素创造的收入，但要通过产品价格转嫁给购买者，因而是政府的收入，但毕竟是购买者的支出，因此为了使支出法计算的 GDP 和收入法计算的 GDP 相一致，应把间接税加到收入方面计入 GDP。

（五）计算题

1. 解：（1）净出口＝国内生产总值-消费-投资-政府购买

$$= 150\ 000 - 90\ 000 - 1\ 800 - 3\ 000$$

$$= 55\ 200\ （亿元）$$

（2）国内生产净值＝国内生产总值－折旧

$$= 150\ 000 - （1\ 800 - 500）$$

$$= 148\ 700（亿元）$$

2. 解：由于政府预算是平衡的，所以政府的税收净额（T）和政府购买支出是相等的。

国内生产总值 GDP＝$C+S+T$＝1 200+200+500＝1 900（亿美元）

3. 解：（1）国内生产总值 GDP＝$C+I+G+$（X-M）

$$= 800+（120+70）+200+30=1\ 220（亿美元）$$

（2）国内生产净值 NDP＝国内生产总值 GDP－折旧＝1 220-70=1 150（亿美元）

（3）国民收入 NI＝国内生产净值 NDP－间接税＝1 150-70=1 080（亿美元）

（4）个人收入 PI＝国民收入 NI－公司未分配利润－公司所得税－社会保险税＋政府转移支付＝1 080-80-60-130+80=890（亿美元）

（5）个人可支配收入＝个人收入 PI－个人所得税＝890-80=810（亿美元）

4. 解：计入 GDP＝500+400=900（美元）

5. 解：（1）净出口额＝国内生产总值－消费－投资－政府购买

$$= 160\ 000 - 100\ 000 - 1\ 800 - 4\ 000$$

$$= 54\ 200（万美元）$$

（2）国内生产净值＝国内生产总值－折旧

$$=国内生产总值-（总投资-净投资）$$

$$= 160\ 000 - （1\ 800 - 800）$$

$$= 159\ 000（万美元）$$

（六）论述题

答：为了分析简化，不考虑折旧、间接税和企业转移支付。这样，国民生产总值等于国民收入，都用 Y 来表示。

（1）两部门经济的收入构成及储蓄-投资恒等式：

两部门经济指由厂商和居民户这两种经济单位所组成的经济社会，这是一种最简单的经济。

从支出的角度看，$Y=C+I$；

从收入的角度看，$Y=C+S$；

由于 $C+I=C+S$，所以 $I=S$。这就是储蓄-投资恒等式，即投资＝私人储蓄。

（2）三部门经济的收入构成及储蓄-投资恒等式：

三部门经济是指由厂商、居民户与政府这三种经济单位所组成的经济社会。

从支出的角度看，$Y=C+I+G$；

从收入的角度看，$Y=C+S+T$（T 表示政府净收入，则 $T=T_0-T_r$）；

由于 $C+I+G=C+S+T$，所以 $I=S+$（T-G），即投资＝私人储蓄+政府储蓄。

（3）四部门经济的收入构成及储蓄-投资恒等式：

四部门经济是指由居民户、厂商、政府和国外这四种经济单位所组成的经济社会。

从支出的角度看，$Y=C+I+G+（X-M）$；

从收入的角度看，$Y=C+S+T+K_r$；

由于 $C+I+G+（X-M）=C+S+T+K_r$，所以 $I=S+（T-G）+（M-X+K_r）$，即投资＝私人储蓄+政府储蓄+外国对本国的储蓄。

第二章

简单的国民收入决定理论

一、本章知识鸟瞰图

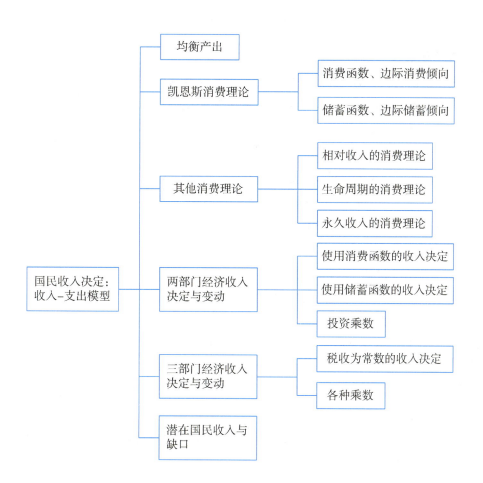

二、本章重点与难点

（一）均衡产出

1. 简单的经济关系

在分析国民收入如何决定时，经济学从简单的经济关系入手。简单的经济关系是假定所分析的经济中不存在政府，也不存在对外贸易，只有家庭部门（居民户）和企业部门（厂商）两部门。

2. 均衡支出

与总需求相等的产出为均衡产出，在均衡产出水平上，计划或意愿的投资一定等于计划或意愿的储蓄。

其他的国民收入水平都是不稳定的，只有均衡国民收入才是相对稳定的。当国民收入大于总需求时，国民收入将下降；当国民收入小于总需求时，国民收入将上升。

（二）凯恩斯的消费理论

1. 消费函数

消费是由收入决定的，即消费是收入的函数，$c=c(y)$。

边际消费倾向 $MPC=\Delta c/\Delta y=dc/dy$，平均消费倾向 $APC=c/y$。

线性消费函数 $c=\alpha+\beta y$。

2. 储蓄函数

储蓄是由收入决定的，即储蓄是收入的函数，$c=c(y)$。

边际储蓄倾向 $MPS=\Delta s/\Delta y=ds/dy$，平均储蓄倾向 $APS=s/y$。

线性储蓄函数 $c=-\alpha+(1-\beta)y$。

3. 消费函数和储蓄函数的关系

（1）消费函数和储蓄函数二者之和等于收入。

（2）APC 和 MPC 都随收入增加而递减，但 APC>MPC。APS 和 MPS 都随收入增加而递增，但 APS<MPS。

（3）APC 和 APS 之和恒等于 1，MPC 和 MPS 之和也恒等于 1。

（三）两部门国民收入的决定及变动

1. 凯恩斯定律

凯恩斯认为，总需求决定均衡的国民收入，当总需求增加时均衡国民收入将增加，当总需求减少时均衡国民收入将减少。

2. 两部门使用消费函数决定国民收入

假定投资是一个给定的量，总需求 $E=c+i$，均衡的国民收入由下式决定：

$$y=c+i$$

$$c=\alpha+\beta y$$

由此得到：$y=(\alpha+i)/(1-\beta)$，如图 2-1 所示：

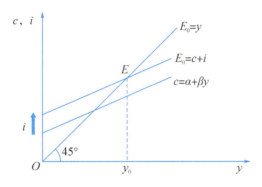

图 2-1　由 $y=c+i$ 决定两部门均衡国民收入

3. 两部门使用储蓄函数决定国民收入

假定投资是一个给定的量，均衡的国民收入由下式决定：

$$y=c+s$$

$$s=-\alpha+(1-\beta)y$$

由此得到：$y=(\alpha+i)/(1-\beta)$，如图 2-2 所示：

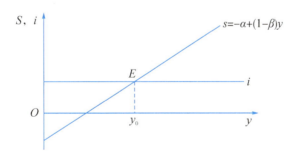

图 2-2　由 $i=s$ 决定两部门均衡国民收入

（四）乘数论

1. 投资乘数

投资乘数指收入的变化与带来这种变化的投资支出的变化的比率。用 β 代表 MPC，$K_i=\Delta y/\Delta i=1/(1-\beta)$。

2. 投资乘数的作用

投资乘数的作用在于，投资的增加（或减少）将导致国民收入按投资增加的乘数倍增（或倍减）。

（五）三部门经济的收入决定

1. 三部门经济的假定与均衡条件

三部门经济是指经济中有三个经济活动主体，它们是居民户、厂商和政府，假定政府净税收、政府购买支出、投资都是给定的量。

三部门经济的总收入 $=c+s+t$ ，三部分经济的总支出 $=c+i+g$，其中，$t=T-t_r$。

由总收入 $=$ 总支出，得到三部门经济的均衡条件：

$$s+t=i+g$$

2. 三部门经济（定量税）的收入决定

由 $y=c+i+g$，$c=\alpha+\beta y_d$，$y_d=y-t+t_r$，

得到：$y=(\alpha+i+g+\beta t_r-\beta t)/(1-\beta)$，如图2-3所示：

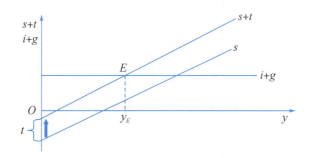

图2-3　由 $s+t=i+g$ 决定三部门均衡国民收入

（六）三部门经济中的各种乘数

1. 政府购买支出乘数

政府购买支出乘数是指收入变动对引起这种收入变动的政府购买支出变动的比率。

$$K_g=\Delta y/\Delta g=1/(1-\beta)$$

2. 税收乘数

税收乘数是指收入变动对引起这种收入变动的税收变动的比率。

$$K_t=\Delta y/\Delta t=-\beta/(1-\beta)$$

3. 政府转移支付乘数

政府转移支付乘数是指收入变动对引起这种收入变动的政府转移支付变动的比率。

$$K_{t_r}=\Delta y/\Delta t_r=\beta/(1-\beta)$$

4. 平衡预算乘数

平衡预算乘数是指政府收入和支出变动同时以相等数量增加或减少对国民收入变动与政府收入变动的比率。

$$K_b=1$$

（七）四部门经济国民收入的决定

1. 四部门经济（定量税）国民收入的决定

由 $y=c+i+g+x-m$，$c=\alpha+\beta y_d$，$y_d=y-t+t_r$，因 $t=\bar{t}$，$g=\bar{g}$，$i=\bar{i}$，$t_r=\bar{t}_r$，$x=\bar{x}$，再根据 $m=m_0+\gamma y$，得到：

$$y=(a+\bar{i}+\bar{g}-\beta\bar{t}+\beta\bar{t}_r+\bar{x}-m_0)/(1-\beta+\gamma)$$

2. 四部门经济中的对外贸易乘数

对外贸易乘数：$dy/dx=1/(1-\beta+\gamma)$。

三、本章复习与思考题答案

1. 在两部门经济中，均衡发生于（　　）之时。

   A. 实际储蓄等于实际投资

   B. 实际消费加实际投资等于产出值

   C. 计划储蓄等于计划投资

   D. 总投资等于企业部分的收入

解析：选 C。在均衡产出水平上，计划的投资一定等于计划的储蓄。

2. 当消费函数为 $c=a+by$，$a>0$，$0<b<1$，这表明，平均消费倾向（　　）。

   A. 大于边际消费倾向　　　　　　　B. 小于边际消费倾向

   C. 等于边际消费倾向　　　　　　　D. 以上三种情况都可能

解析：选 A。平均消费倾向 $AMP=c/y=(a+by)/y=a/y+b$，边际消费倾向 $MPC=b$，所以 $APC>MPC$。

3. 如果边际储蓄倾向为 0.3，投资支出增加 60 亿元，这将导致均衡收入 GDP 增加（　　）。

   A. 20 亿元　　　　　　　　　　　B. 60 亿元

   C. 180 亿元　　　　　　　　　　　D. 200 亿元

解析：选 D。投资乘数 $k=1/(1-MPC)=1/MPS=1/0.3$，均衡收入增加 $60\times k=200$（亿元）。

4. 在均衡产出水平上，计划存货投资和非计划存货投资是否都必然为零？

答：在均衡产出水平上，非计划存货投资为 0，计划存货投资不一定为 0。

如果企业出现了非计划的存货，企业势必将减价把这些非计划存货销售出去，这样国民收入将下降，即国民收入没有达到均衡水平。在均衡点，计划存货投资是企业计划投资的一部分，企业为了更好地实现销售，往往会计划一部分存货，因此计划存货一般不为零。

5. 能否说边际消费倾向和平均消费倾向都总是大于零而小于1？

答：从 $MPC=\Delta c/\Delta y$ 可以看出，增加的消费总是增加的收入的一部分，因此 MPC 总是小于1；在 $APC=c/y$，消费有时可能大于收入，比如当一个人（或一个国家）收入无法维持生活时，他（或它）必须举债维持必需的消费，这时平均消费倾向大于1。因此，APC 可能大于或小于或等于1。

6. 什么是凯恩斯定律？凯恩斯定律提出的社会经济背景是什么？

答：凯恩斯在《就业、利息和货币通论》中提出了总需求决定国民收入的论断，该论断在西方经济学中被称为"凯恩斯定律"。凯恩斯认为不论需求量为多少，经济社会均能以不变的价格提供相应的供给量。

凯恩斯提出该定律时，面对的是 1929—1933 年的大萧条，工人大批失业，工厂大量倒闭，资源大量闲置。为了解决大萧条问题，凯恩斯发现，只有通过对总需求的增加，才可能解决或部分解决大萧条这个经济痼疾。在这种情况下，如果能够使总需求增加，就会使闲置的资源得到利用，生产增加，而不会使资源的价格上升，国民收入就会增加。经过后来许多经济学者的研究，"凯恩斯定律"被认为是适合于短期经济分析的，即它分析的是，收入和就业的决定主要依赖于总需求的变化。

7. 政府购买和政府转移支付都属于政府支出，为什么计算构成国民收入的总需求时只计进政府购买而不包括政府转移支付，即为什么 $y=c+i+g+(x-m)$ 而不是 $y=c+i+g+t_r+(x-m)$？

答：$y=c+i+g+(x-m)$ 是从最终产品到哪里去了的思路，对国民收入进行统计的结果，政府购买支出 g 购买了经济社会生产的最终产品，因此应该计进 $y=c+i+g+(x-m)$ 中去；而政府转移支付虽然也是政府的支出，但这个支出没有购买到经济社会的任何最终产品，只是一种财富再分配，分配给了那些符合规定的人，没有取得任何物品或劳务作为回报，因此不能计进 $y=c+i+g+(x-m)$ 中去。

8. 为什么一些西方经济学家认为，将一部分国民收入从富者转给贫者将提高总收入水平？

答：西方经济学家认为，一般来说，贫者的边际消费倾向较富者的边际消费倾向高，将富者的一部分收入以税收的方式征收上来，再以转移支付的方式发放给贫者，会提高整个社会的边际消费倾向，从而增加整个社会的消费支出，提高经济中的总需求水平，进而提高均衡的国民收入的水平，即提高经济社会的总收入水平。

9. 为什么政府（购买）支出乘数的绝对值大于政府税收乘数和政府转移支付乘数的绝对值？

答：政府购买支出直接计入 GDP，即 $y=c+i+g$。政府购买支出增加，会等量增加社会总需求。而政府税收和政府转移支付都不能直接计入 GDP，只能通过影响居民的可支配收入、继而影响消费支出和总需求。由于 $y_d=y-t+t_r$，$c=\alpha+\beta y_d$，政府减税或者增加一定的政府转移支付，其中只有一部分（以 β 为比例）增加到消费以及总需求中。

由于经济中的产出和收入是由总支出（总需求）决定的，因此，政府购买支出与税收和转移支付改变相同数值，对经济的影响是不同的，等量改变政府购买支出的影响要大于改变税收和转移支付的影响。

10. 平衡预算乘数作用的机理是什么？

答：平衡预算乘数是指政府收入（税收）和支出（政府购买支出）同时以相等数量增加或减少时，国民收入变动与政府收支变动的比率。当政府购买支出增加 Δg 时，国民收入增加 $K_g \cdot \Delta g$，$K_g = 1/(1-\beta)$；税收增加同等数值 $\Delta t = \Delta g$ 时，国民收入变动 $K_t \cdot \Delta t$，$K_t = -\beta/(1-\beta)$。从政府预算看是平衡的，因为政府收入与支出的变动是相等的，没有形成新的预算盈余或赤字。此时，国民收入的改变量为

$$\Delta y = K_g \cdot \Delta g + K_t \cdot \Delta t = \Delta g \cdot 1/(1-\beta) - \Delta t \cdot \beta/(1-\beta)$$

由于假定 $\Delta g = \Delta t$，因此：

$$\Delta y = \Delta g \cdot 1/(1-\beta) - \Delta g \cdot \beta/(1-\beta) = \Delta g$$

由此得：$K_b = \Delta y / \Delta g = \Delta g / \Delta g = 1$

这就是平衡预算乘数值为 1 的作用机理。

11. 为什么有了对外贸易之后，封闭经济中的一些乘数会变小？

答：在四部门经济中，国民收入中的一部分（以边际进口倾向 γ 为比例）会用于购买进口产品，这样就会减少用于购买国内产品的支出。在国民收入流量循环模型中，进口属于收入流量的漏出项。进口的增加会减少国民收入。当存在进口时，国民收入会有一部分漏出，在乘数理论中，每一个影响国民收入变动的外生变量的改变，都会因这种漏出而使得其对国民收入的影响变小，即相应的乘数变小。乘数公式表示为：

$$1/(1-\beta) > 1/(1-\beta+\gamma)$$

12. 税收、政府购买和转移支付这三者对总需求的影响有何区别？

答：政府购买支出 g 直接构成总需求，即是 GDP$=c+i+g$ 中的一部分，政府购买支出的增加会等量增加总需求；税收和转移支付不构成总需求，其是通过影响可支配收入 yd 来影响消费和总需求的。而 $c = \alpha + \beta yd = \alpha + \beta(y-t+t_r)$，税收和转移支付变动一定数量，只会使得总需求按照边际消费倾向 β 的比例变动。这就是政府购买与税收、转移支付对总需求的不同影响。

13. 假设某经济的消费函数 $c=100+0.8yd$，投资 $i=50$，政府购买性支出 $g=200$，政府转移支付 $t_r=62.5$，税收 $t=250$（单位均为亿美元）。

（1）求均衡收入。

（2）试求投资乘数、政府支出乘数、税收乘数、转移支付乘数、平衡预算乘数。

答：（1）因为：$y=c+i+g$，$c=100+0.8y_d$，$y_d=y-t+t_r$，已知 $i=50$，$g=200$，$t_r=62.5$，$t=250$，由此得到：

$$y=c+i+g=100+0.8(y-t+t_r)+i+g=100+0.8(y-250+62.5)+50+200$$

求解得：均衡收入 $y=1\,000$（亿美元）

（2）投资乘数 $k_i = 1/(1-\beta) = 1/(1-0.8) = 5$

政府支出乘数 $k_g = 1/(1-\beta) = 1/(1-0.8) = 5$

税收乘数 $k_t = -\beta/(1-\beta) = -0.8/(1-0.8) = -4$

转移支付乘数 $k_{tr} = \beta/(1-\beta) = 0.8/(1-0.8) = 4$

平衡预算乘数 $k_b = k_g + k_t = 5 - 4 = 1$

14. 在上题中，假定该社会达到充分就业所需要的国民收入为 1 200 亿美元，试问：

（1）需增加多少政府购买。

（2）需减少多少税收。

（3）以同一数额增加政府购买和税收（以便预算平衡）实现充分就业，各需多少数额？

答：（1）国民收入缺口 = 1 200 - 1 000 = 200（亿美元）

因为：政府购买乘数 $k_g = \Delta y/\Delta g$，得到 $\Delta g = \Delta y/k_g = 200/5 = 40$（亿美元）

即要增加政府购买支出 40 亿美元。

（2）因为：税收乘数 $k_t = \Delta y/\Delta t$，得到 $\Delta t = \Delta y/k_t = 200/-4 = -50$（亿美元），即要减少税收 50 亿美元。

（3）因为：$k_b = k_g + k_t = 1$，当政府购买和税收增加同一数额时，$\Delta g = \Delta t = 200/1 = 200$（亿美元），即各增加 200 亿美元才能实现充分就业。

15. 假定某经济社会的消费函数 $c = 30 + 0.8yd$，净税收即总税收减去转移支付后的金额 $tn = 50$，投资 $i = 60$，政府购买性支出 $g = 50$，净出口即出口减进口后的余额为 nx = $50 - 0.05y$。试求：

（1）均衡收入。

（2）在均衡收入水平上净出口余额。

（3）投资乘数。

（4）投资从 60 增至 70 时的均衡收入和净出口余额。

（5）当净出口从 nx = $50 - 0.05y$ 变为 nx = $40 - 0.05y$ 时的均衡收入和净出口余额。

答：（1）因为：$y = c + i + g + nx$，$c = 30 + 0.8y_d$，$y_d = y - t_n$，$i = 60$，$g = 50$，$t_n = 50$，nx = $50 - 0.05y$，由此得到：

$y = c + i + g + nx = 30 + 0.8(y - 50) + 60 + 50 + 50 - 0.05y$

求解，得出均衡国民收入：$y = 600$。

（2）nx = $50 - 0.05 \times 600 = 20$，即净出口余额为 20。

（3）投资乘数：$k = 1/(1 - \beta + \gamma) = 1/(1 - 0.8 + 0.05) = 4$。

（4）当投资从 60 增至 70 时，$\Delta i = 10$，$\Delta y = \Delta i \cdot k_i = 10 \times 4 - 40$，得到：

$y' = 600 + 40 = 640$，nx = $50 - 0.05 \times 640 = 18$。

（5）净出口函数变化后的均衡收入：$y = c + i + g + nx = 0.8y - 10 + 60 + 50 + 40 - 0.05y$。

求解，得出均衡国民收入：$y=560$。

$nx=40-0.05\times560=12$，即净出口余额为 12。

四、本章课后辅导题

（一）名词解释

1. 均衡产出　2. 边际消费倾向　3. 凯恩斯定律　4. 永久收入
5. 投资乘数　6. 储蓄函数　7. 边际储蓄倾向　8. 平衡预算乘数

（二）单项选择题

1. 平均储蓄倾向和平均消费倾向之和为（　　　）。

    A. 小于 1 的正数　 B. 2

    C. 1　 D. 0

2. 在两部门的经济中，如果边际消费倾向为 0.5，则投资乘数为（　　　）。

    A. 2　 B. 3

    C. 4　 D. 5

3. 当一个人的收入为 0 时，其消费为 1 000，收入为 1 000 时，其消费为 1 400，则这个人的线性消费函数为（　　　）。

    A. C＝1 000＋0.4Y　 B. C＝1 000＋0.5Y

    C. C＝500＋0.4Y　 D. C＝500＋0.5Y

4. 在凯恩斯 45 度线图中，消费曲线与 45 度线相交点的产出水平表示（　　　）。

    A. 净投资支出大于零时的 GDP 水平　 B. 投资等于零时均衡产出

    C. 消费＝投资　 D. 均衡产出

5. 在二部门经济中，自发消费为 200 亿美元，投资 50 亿美元，边际消费倾向为 0.5，则均衡收入为（　　　）亿元。

    A. 300　 B. 400

    C. 500　 D. 6

6. 在均衡产出水平上，（　　　）。

    A. 非计划存货投资大于 0　 B. 计划存货投资＝0

    C. 非计划存货投资＝0　 D. 计划投资大于计划储蓄

7. 政府购买乘数 K_g 与政府转移支付乘数 K_{tr} 之间的关系是（　　　）。

    A. $K_g>K_{tr}$　 B. $K_g<K_{tr}$

    C. $K_g=K_{tr}$　 D. 不能确定

8. 边际储蓄倾向为 0.5，投资支出增加 30 亿元，可以预期，这将导致 GDP 均衡水平增加（　　　）。

A. 70 亿元   B. 60 亿元

C. 50 亿元   D. 40 亿元

9. 四部门经济与三部门经济相比，乘数效应（　　　）。

  A. 变大   B. 变小

  C. 不变   D. 不能确定

10. 根据凯恩斯消费函数为 $C=a+bY$，a、$b>0$，平均消费倾向（　　　）。

  A. 大于边际消费倾向   B. 小于边际消费倾向

  C. 等于边际消费倾向   D. 以上三种情况都可能

11. 下列可以使得均衡收入减少的是（　　　）。

  A. 增加转移支付   B. 增加自发投资

  C. 增加自发消费   D. 增加净税收

12. 在一个四部门经济模型中，GDP =（　　　）。

  A. 消费+净投资+政府购买支出+净出口

  B. 消费+净投资+政府购买支出+总出口

  C. 消费+总投资+政府购买支出+净出口

  D. 消费+总投资+政府购买支出+总出口

13. 当税收为定量税时，如果凯恩斯消费函数为 $c=200+0.8yd$，则政府转移支付乘数为（　　　）

  A. 4   B. −4

  C. 1   D. 无法确定

14. 如果凯恩斯消费函数是 $c=200+0.8y_d$，则储蓄函数为（　　　）。

  A. $s=-200+0.2y_d$ B. $s=200+0.2y_d$

  C. $s=-200+0.8y_d$ D. $s=-200+0.8y_d$

15. 一般情况下，边际储蓄倾向（　　　），边际消费倾向（　　　）。

  A. 递增　递增   B. 递减　递增

  C. 递增　递减   D. 递减　递减

16. 在实际收入水平高于均衡国民收入时，下述说法中正确的是（　　　）。

  A. 存在非计划投资   B. 计划投资超过计划储蓄

  C. 总需求超过实际产出   D. 不存在非计划投资

17. 根据平衡预算理论，如果政府购买支出和税收同时等量增加，则（　　　）。

  A. 均衡国民收入将减少   B. 均衡国民收入将增加

  C. 均衡国民收入将不变   D. 以上三种情况都可能出现

18. 在实际收入水平高于均衡国民收入时，下述说法中正确的是（　　　）。

  A. 存在非计划投资   B. 计划投资超过计划储蓄

  C. 总需求超过实际产出   D. 不存在非计划投资

19. 按凯恩斯消费理论，消费支出决定于（　　）。

    A. 永久收入
                B. 相对收入

    C. 可支配收入
            D. 生命周期的收入

20. 已知 MPC＝0.6，税收为定量税，如果收入增加 150 亿美元，则其可能的原因是（　　）。

    A. 投资增加 100 亿美元

    B. 政府购买支出增加 100 亿美元

    C. 转移支付增加 100 美元

    D. 政府购买支出和税收同时增加 100 亿美元

21. 一个家庭当其收入为零时，消费支出为 2 000 元，但当其收入为 6 000 元时，其消费支出为 6 000 元。假设消费和收入之间为线性关系，则其边际消费倾向为（　　）。

    A. 2/3
                B. 3/4

    C. 4/5
              D. 1

22. 当实际投资大于计划投资时，（　　）。

    A. 家庭储蓄少于公司对它们的期望

    B. 经济将自然处于均衡状态

    C. 相对于家庭消费计划，公司生产了太多的商品和服务

    D. 经济中的资本折旧一定会增加

23. 利率与投资量之间存在的关系是（　　）。

    A. 利率越高，投资量越小

    B. 利率越高，投资量越大

    C. 利率与投资量之间的关系随经济形势的变化而变化

    D. 利率与投资量之间不存在关系

24. 乘数发挥作用的条件是（　　）。

    A. 边际消费倾向大于 0

    B. 边际消费倾向大于 1

    C. 社会上的各种资源已得到了充分利用

    D. 社会上的各种资源没有得到充分利用

25. 边际消费倾向小于 1，则意味着当前可支配收入的增加将使意愿的消费（　　）。

    A. 增加，但幅度小于可支配收入的增加幅度

    B. 增加，且幅度等于可支配收入的增加幅度

    C. 有所下降，这是由于收入的增加会增加储蓄

    D. 保持不变，这是由于边际储蓄倾向同样小于 1

（三）简答题

1. 试解释边际消费倾向递减规律及其影响。

2. 简述乘数原理。

3. 简述凯恩斯消费函数。

4. 用图形说明投资-储蓄决定均衡的国民收入。

5. 用图形说明增加税收对均衡国民收入的影响。

6. 试述对萨伊定律和凯恩斯定律的评价。

7. 为什么一些西方经济学家认为，将一部分国民收入从富者转向贫者将提高总收入水平？

（四）计算题

1. 已知自发消费为100，边际消费倾向为0.8，政府购买支出为400，投资为460，税收为400，试求：

（1）均衡的国民收入与消费。

（2）投资乘数是多少？

（3）如果政府购买支出下降300，收入水平与消费如何发生变化？

2. 假定某国政府当前预算赤字为75亿美元，边际消费倾向 $b=0.8$，边际税率 $t=0.25$，如果政府为降低通货膨胀率要减少支付200亿美元，试问支出的这种变化最终能否消灭赤字？

3. 假如 $c=50+0.8yd$，$i=150$，$g=200$，$tr=100$，边际税率 $t=0.35$，试求：

（1）均衡国民收入。

（2）预算盈余 BS。

（3）假如 t 下降到0.15，那么新的均衡国民收入和 BS 是多少？

4. 假设 $C=300+0.8Y_d$，$Y_d=Y-T+T_r$，$I=200$，$G=200+0.1(Y^*-Y)$，$T=0.25Y$，$T_r=100$，$NX=-50$。

（1）假设该国的潜在产出 Y^* 是4 000，求产出缺口。

（2）为了实现潜在产出水平，投资需要变动多少？这种变动会对预算盈余施加怎样的影响？

5. 假设消费函数为 $C=100+0.6Y_d$，投资 $I=40$，政府购买 $G=20$，政府转移支付 $T_r=80$，边际税率 $t=0.2$。

（1）求均衡收入。

（2）求投资乘数、政府购买乘数、税收乘数、政府转移支付乘数、平衡预算乘数。

6. 在三部分经济中，已知消费函数 $C=100+0.9Y_d$，Y_d 为可支配收入，投资 $I=300$，政府购买 $G=160$，税收 $T=0.2Y$。试求：

（1）均衡的国民收入水平。

（2）政府购买乘数。

（3）若政府购买增加到 300，新的均衡国民收入是多少？

7. 假设某一经济的消费函数为 $C=100+0.8Y_d$，其中 $Y_d=Y-t_Y+T_r$，投资 $I=50$，政府购买 $G=200$，政府转移支付为 $TR=62.5$（单位均为亿美元），税率 $t=0.25$。

（1）求均衡的总产出。

（2）求投资乘数、政府购买乘数、税收乘数、转移支付乘数、平衡预算乘数。

（3）假定该社会达到充分就业的总产出为 1 200，试问用增加政府购买、减税或在增税的同时将增加的税收用于增加国家政府购买来实现充分就业，各需多少？

（五）论述题

论述两部门经济中国民收入的决定。

五、本章课后辅导题答案及分析

（一）名词解释

1. 均衡产出是指和总需求相等的产出。

2. 边际消费倾向是指增加的消费与增加的收入之比，也就是增加一单位收入中用于增加消费的比例。

3. 凯恩斯定律：总需求决定均衡的国民收入。

4. 永久收入：消费者可以预计到的长期收入。永久收入可以被认为是一个人期望终身从其工作或持有的财富中产生的收入。在保持财富完整性的同时，个人的消费在其工作和财富的收入流量的现值中占有一个固定的比例。永久收入决定的消费函数可以表示为

$$C=b \cdot Y_p$$

其中，C 代表消费，b 代表边际消费倾向，Y_p 代表持久收入。

5. 投资乘数：指收入的变化与带来这种变化的投资变化量的比率。

6. 储蓄函数：表示储蓄与收入对应关系，$s=s(y)$。

7. 边际储蓄倾向是用来测度收入增加引起储蓄增加的程度的一个概念，即居民边际储蓄倾向指居民收入每变动一单位时的居民储蓄的变动额。

若以 MPS 表示边际储蓄倾向，ΔS 表示储蓄增量，ΔY 表示收入增量，则 MPS $=\Delta S/\Delta Y$。

8. 平衡预算乘数指政府收入和支出同时以相等数量增加或减少时国民收入变动与政府收支变动的比率。

（二）单项选择题

1. C。APS+APC=1。

2. A。投资乘数 $=\dfrac{1}{1-\text{边际消费倾向}}$，因此投资乘数为 2。

3. A。用解方程组的方法求出消费函数的两个常数。

4. B。当 $i=0$ 时，总需求 $E=c$，消费曲线与45°线的交点对应着均衡产出。

5. C。用公式 $y=(\alpha+i)/(1-\beta)$ 可以求得。

6. C。在均衡产出水平上，非计划存货投资等于0，而计划存货投资不一定为0。

7. A。用两个公式直接进行比较可以得到结果。

8. B。GDP 均衡水平增加为 $30/0.5=60$ （亿元）。

9. B。出现了对外贸易，增加的收入的一部分需要用到进口商品上。

10. A。$APC=c/y=(\alpha+\beta y)/y=\alpha/y+\beta=\alpha/y+MPC>MPC$。

11. D。三部门经济时，$c=a+\beta(y-t)$。税收增加会减少消费，因而减少均衡收入。

12. C。$GDP=c+i+g+(x-m)$。

13. A。$k_{tr}=\beta/(1-\beta)$。

14. A。$s=-\alpha+(1-\beta)y_d$。

15. C。根据凯恩斯边际消费倾向递减规律得到。

16. A。实际国民收入大于均衡国民收入时，会出现意外的存货，即出现非计划的存货投资。

17. B。由于平衡预算乘数等于1，它将使均衡国民收入增加等量的数量。

18. A。按收入－支出图形可以得到。

19. C。当存在政府和税收时，凯恩斯认为消费是可支配收入的函数。

20. C。$k_{tr}=0.6/(1-0.6)=1.5$ $\Delta y=t_r\times k_{tr}=150$。

21. A。$MPC=\Delta C/\Delta Y$。

22. C。根据投资－支出模型可得。

23. A。按照投资乘数与利率定义可得。

24. D。根据乘数定义可得。

25. A。根据边际消费倾向定义可得。

（三）简答题

1. 答：边际消费倾向递减规律是凯恩斯提出的三大心理规律之一，它是指人们的消费虽然随收入的增加而增加，但消费增加量却不如收入增加量那么多。由于人们总是不把所增加的收入全部消费掉，而要留下一部分作为储蓄，所以人们的收入越是增加，消费支出占全部收入的比例就越小。凯恩斯认为，边际消费倾向递减规律是由人类的天性决定的，由于这个规律的作用，增加的产量在除去个人消费后，就留下一个缺口，如果没有相应的投资来弥补这个缺口，产品产量就会有一部分销售不出去，于是就会出现有效需求不足，引起国民收入下降和失业。

2. 答：乘数原理指自发总支出的增加所引起的国民收入增加的倍数。如果是自发总支出中投资的增加，则乘数是投资乘数；如果是自发总支出中政府购买支出的增加，则乘数是政府购买支出乘数；等等。乘数原理说明了各种支出变动对国民收入变动的影响。因为国民经济各部门之间是相互联系的，所以，对某一部门的需求（支出）的增加，不仅会使该部门的生产和收入相应增加，而且还会引起其他部门的生产、收入和支出的增加，从而使国民收入增加量数倍于最初增加的支出。

3. 答：凯恩斯的消费函数可以表示为：$c=\alpha+\beta y$，其中，$\alpha>0$，$0<\beta<1$。式中，c 是消费，y 是可支配收入，α 是自发性消费，即收入为零时的消费，α 是边际消费倾向。

凯恩斯的消费函数表明：

①消费是由现期收入或可支配收入决定的。凯恩斯认为，消费支出与可支配收入之间的关系是稳定的。

②居民的边际消费倾向在 0 与 1 之间，因此较高的收入会引起较高的消费，也会引起较高的储蓄。边际消费倾向随着收入的增加而下降。

③平均消费倾向随着收入增加而下降。

4. 答：以两部门国民收入决定为例，根据 $y=c+s$，$E=y$，$E=c+i$ 得：$i=s$，因此国民收入的决定也可以通过研究储蓄与投资的关系来进行。如图 2-4 所示。

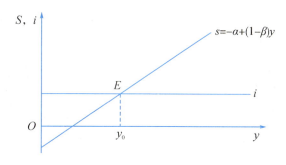

图 2-4　由 $i=s$ 决定均衡国民收入

①假定投资为主观投资，与国民收入变化无关，投资曲线 i 为平行于横轴的水平线；

②曲线与 s 曲线交于 E 点，E 为均衡点，y_0 为均衡国民收入；

③E 点的左侧，$i>s$，表明当年生产的剩余产品不能满足投资支出的需要，将刺激厂商增加生产，从而使 y 增加；

④E 点的右侧，$s>i$，表明投资不能消化当年生产的全部剩余产品，造成产品积压，使厂商减少生产，从而使 y 减少。

总之，如果离开了 E 点，s 与 i 就处于失衡状态，只有达到 E 点，即 $s=i$ 时国民收入才回到均衡水平。

5. 按三部门的均衡条件：$g+i=t+s$，均衡的国民收入由图 2-5y_{E1} 表示。当税收增加 Δt 时，$t+s$ 曲线移动到 $t+s+\Delta t$ 曲线处，此时均衡国民收入有 y_{E_1} 下降到 y_{E_2}。因此，增加税收将使均衡的国民收入下降。

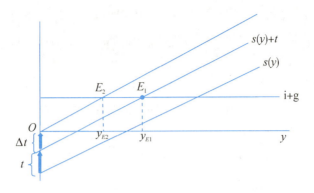

图 2-5　增加税收对均衡国民收入的影响

6. 答：（1）萨伊定律是法国古典经济学家萨伊在 1803 年出版的《政治经济学概论》一书中提出的著名论点，即供给自动创造需求。这一命题的含义是：任何产品的生产除了满足生产者自身的需求外，其余部分总会用来交换其他产品，即形成对其他产品的需求。每个人实际上都是在用自己的产品去购买别人的产品，所以卖者必然也是买者。一种产品的供给增加，实际上也是对其他产品的需求增加；一国供给能力增加 1 倍，所有商品供给量增加 1 倍，购买力也同时增加 1 倍。一个自然而然的结论是：总需求总是且必定是等于总供给，经济总能实现充分就业的均衡。需要指出的是，萨伊定律并不否认局部的供求失衡，它只是否定全面生产过剩的失衡。

（2）凯恩斯在 1936 年出版的《就业、利息和货币通论》中提出了著名的有效需求理论。凯恩斯在三个基本心理规律（边际消费倾向递减规律、资本边际效率递减规律、流动性偏好规律）的基础上，论证了消费需求不足、投资需求不足导致有效需求不足的原因，认为有效需求不足会使生产即供给不能扩大到充分就业的程度，从而导致了非自愿失业的出现。在这里，不再是萨伊的"供给自动创造需求"，而是"需求会创造出自己的供给"，这便是凯恩斯定律。经济可能经常处于低于充分就业的均衡，以至于充分就业均衡只能被认为是一种特例。

（3）萨伊定律认为供给可以自发地创造需求，而凯恩斯的观点正好相反，他认为，需求创造供给，有效需求决定国民收入。相应地，两者的政策主张也不同。萨伊定律以完全竞争市场为前提，认为依靠自然的经济秩序，所有的问题会得到完善的解决，经济总能处于充分就业的均衡状态。而凯恩斯定律则说明，仅仅依靠经济自身的力量，经济往往处于低于充分就业的均衡。在政策主张上，萨伊主张放任自流的经济政策，减少政府对经济的干预，而凯恩斯主义则主张政府干预。

7. 答：因为穷人的边际消费倾向大于富人的边际消费倾向（富人边际储蓄高于穷人，富人更愿意进行储蓄），所以如果把富人的一部分收入转移给穷人，穷人得到钱更倾向于消费，这样就能增加社会总需求，从而使社会总产出增加，也就提高了社会总收入水平。

扩展：缩小贫富差距有助于提高整个社会的边际消费倾向，扩大内需。因此，国家提倡缩小贫富差距，改善收入分配，就是因为上述原因。

（四）计算题

1. 解：（1）由三部门均衡值公式有

$y = (α+i+g-βt) / (1-β) = (100+460+400-0.8×400) / (1-0.8) = 3\ 200$

（2）投资乘数 $k = 1/ (1-β) = 1/ (1-0.8) = 5$。

（3）如果政府购买支出下降 300，均衡国民收入将减少 300×5＝1 500，消费将减少 1 500×0.8＝1 200。

2. 解：在三个部门经济中政府购买乘数为

$K_g = 1/ [1-b (1-t)] = 1/ [1-0.8 (1-0.25)] = 2.5$

政府减少购买支出 200 亿美元，收入和税收都会减少，得到：

$Δy = K_g × Δg = 2.5 × (-200) = -500$

$Δt = t × Δy = 0.25 × (-500) = -125$

于是，$BS = Δt - Δg = -125 - (-200) = 75$。

这说明政府减少支出 200 亿美元，政府预算 BS 将增加 75 亿美元，正好与当前的预算赤字相抵消，这种支出的变化能消除赤字。

3. 解：（1）解以下方程组：

因为：$y = c+i+g$，$c = 50+0.8yd$，$yd = y-T+T_r$，$T = 0.35y$。

已知 $i = 150$，$g = 200$，$T_r = 100$，得到：

均衡国民收入 $y = 1\ 000$

（2）预算盈余 $BS = 0.35 × 1\ 000 - 200 - 100 = 50$

（3）假如 t 下降到 0.15，同理按以上的方法可得

均衡国民收入 $y = 1\ 500$，$BS = -75$

4. 解：（1）公式有

$AD = C+I+G+NX$

$\quad = (300+0.8Y_d) +I+ [200+0.1 (Y^*-Y)] +NX$

$\quad = [300+0.8× (Y-T+T_r)] +I+ [200+0.1× (4\ 000-Y)] +NX$

$\quad = [300+0.8× (Y-0.25Y+T_r)] +I+ [200+0.1× (4\ 000-Y)] +NX$

$\quad = [300+0.8× (0.75Y+100)] +200+ [200+0.1× (4\ 000-Y)] -50$

$\quad = 0.5Y+1\ 130$

因为：$Y = AD$，$Y = 0.5Y+1\ 130$

得到：$Y = 2\ 260$

产出缺口为：$Y^* -Y = 4\ 000-2\ 260 = 1\ 740$

（2）因为投资乘数为

$k = ΔY/ΔI = 1/ [1-β (1-t) +0.1] = 1/ [1-0.8 (1-0.25) +0.1] = 2$

得到：$ΔI = ΔY/k$，又因为 $ΔY = Y^* -Y = 1\ 740$，则：

$\Delta I = \Delta Y / k = 1\ 740 / 2 = 870$，即投资应增加 870。

预算盈余 BS 为

$$BS = T - T_r - G$$
$$= 0.25Y - T_r - [200 + 0.1\ (Y^* - Y)]$$
$$= 0.25 \times 2\ 260 - 100 - [200 + 0.1 \times\ (4\ 000 - 2\ 260)]$$
$$= 91$$

充分就业预算盈余 BS^* 为

$$BS^* = T - T_r - G$$
$$= 0.25Y^* - T_r - (200 + 0.1\ (Y^* - Y^*))$$
$$= 0.25 \times 4\ 000 - 100 - 200$$
$$= 700$$

预算盈余的变化为

$$BS' - BS = 700 - 91 = 609$$

即预算盈余增加了 609。

5. 解：（1）因为：$Y = C + I + G$，$C = 100 + 0.6Y_d$，

$Y_d = Y - T + T_r = Y - tY + T_r = Y - 0.2Y + 80 = 0.8Y + 80$

$I = 40$，$G = 20$，得到

$Y = C + I + G = 100 + 0.6\ (0.8Y + 80)\ + 40 + 20$

$Y = 400$

即均衡收入为 400。

（2）用 b 代表边际消费倾向，则：

投资乘数 $K_i = 1 / [1 - b\ (1 - t)] = 1 / [1 - 0.6\ (1 - 0.2)] = 25/13$

政府购买乘数 $K_g = 1 / [1 - b\ (1 - t)] = 1 / [1 - 0.6\ (1 - 0.2)] = 25/13$

税收乘数 $K_t = -b / [1 - b\ (1 - t)] = -0.6 / [1 - 0.6\ (1 - 0.2)] = -15/13$

政府转移支付乘数 $K_{tr} = b / [1 - b\ (1 - t)] = -0.6 / [1 - 0.6\ (1 - 0.2)] = 15/13$

平衡预算乘数 $K_b = (1 - b)\ /\ (1 - b) = (1 - 0.6)\ /\ (1 - 0.6) = 1$

6. 解：（1）$C = 100 + 0.9Y_d = 100 + 0.9(1 - 0.2)Y = 100 + 0.72Y$

计划支出 $AE = C + I + G = 560 + 0.72Y$，根据 $AE = Y$，可得均衡收入 $Y^* = 2\ 000$

（2）$k_G = \dfrac{\Delta Y}{\Delta G} = \dfrac{1}{1 - \beta(1 - t)} = \dfrac{1}{0.28} = \dfrac{25}{7}$

（3）$\Delta Y = k_G \times \Delta G = \dfrac{25}{7} \times 140 = 500 \Rightarrow \bar{Y} = 2\ 500$

或：$\left. \begin{array}{l} AE = 700 + 0.72Y \\ AE = Y \end{array} \right\} \Rightarrow \bar{Y} = 2\ 500$

7. 解：（1）产品市场的均衡条件为 $Y = AD$，因此有：

$Y = AD = C + I + G = 100 + 0.8[(1 - 0.25)Y + 62.5] + 50 + 200$

解得：$Y = 1\,000$（亿美元）

（2）已知 $t = 0.25$，边际消费倾向 $\beta = 0.8$，则：

投资乘数 $k_I = \dfrac{\Delta Y}{\Delta I} = \dfrac{1}{1 - \beta(1 - t)} = 2.5$

政府购买乘数 $k_G = \dfrac{\Delta Y}{\Delta G} = \dfrac{1}{1 - \beta(1 - t)} = 2.5$

税收乘数 $k_T = \dfrac{\Delta Y}{\Delta T} = \dfrac{-\beta(1 - t)}{1 - \beta(1 - t)} = -1.5$

转移支付乘数 $k_{T_r} = \dfrac{\Delta Y}{\Delta T_r} = \dfrac{\beta}{1 - \beta(1 - t)} = 2$

平衡预算乘数 $k_B = 1$

（3）已知 $k_G = 2.5$，$k_T = -1.5$，$k_B = 1$，则当 $\Delta Y = 1\,200 - 1\,000 = 200$（时），

应增加的政府购买 $= 200/2.5 = 80$（亿美元）

减税数量 $= 200/1.5 = 133.33$（亿美元）

增税的同时将增加的税收用于增加政府购买来实现充分就业的数额 $= 200/1 = 200$（亿美元）。

（五）论述题

答：（1）两部门经济中国民收入的条件为：总需求等于总供给，即 $AE = Y$。

（2）两部门经济中的 $AE = C + I$，$Y = C + S$。因此 $AE = Y$，即 $C + I = C + S$，$I = S$。这就是两部门经济中国民收入决定的恒等式。如果 $I > S$，则意味着计划总需求大于实际产量，厂商的非合意存货减少，为了增加合意存货，厂商必然会扩大生产规模，增加产品供给，直至 $I = S$；如果 $I < S$，则意味着计划总需求小于实际产量，厂商的非合意存货增加，出现非合意存货大于零，为了减少非合意存货，厂商必然会缩小生产规模，减少产品供给，直至 $I = S$。

（3）两部门经济中国民收入决定的几何表示法

①消费-投资决定法，如图 2-6 所示。

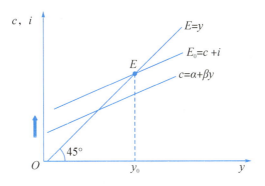

图 2-6　由 $y = c + i$ 决定均衡收入

②储蓄—投资决定法，如图 2-7 所示。

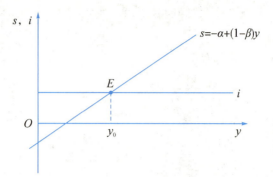

图 2-7　由 $i=s$ 决定均衡收入

第三章

产品市场和货币市场的一般均衡

一、本章知识鸟瞰图

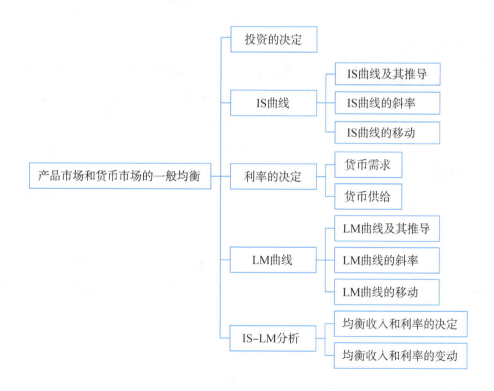

二、本章重点与难点

（一）投资的决定

1. 投资

投资指一定时期的社会实际资本的形成，即社会实际资本的增加，包括厂房、设备和存货的增加等。投资与利率有反方向依存关系，投资需求函数为：$I=e-dr$。

2. 资本边际效率

资本边际效率（MEC）是一种贴现率，这种贴现率正好使一项资本物品的使用期内各项预期收益的现值之和等于这项资本物品的供给价格或者重置成本。资本边际效率的公式是：

$$R= R_1/(1+r)+R_2/(1+r)^2+\cdots+R_n/(1+r)^n+J/(1+r)^n$$

其中，R 为资本物品的供给价格，R_1，R_2，$\cdots$，R_n 分别表示第 1 年、第 2 年…第 n 年的预期收益，J 代表该资本物品在第 n 年时的报废价值（残值），r 代表资本边际效率。

3. 投资的边际效率

当利率下降时如果每个企业都增加投资，那么资本品的价格会上涨，资本品的供给价格 R 增加，r 减少。这样，由于 R 上升而被缩小了的 r 的数值被称为投资的边际效率（MEI）。因此，在相同的预期下，投资的边际效率小于资本边际效率。

西方学者认为投资的边际效率曲线比资本边际效率曲线更精确地表示了投资与利率之间的关系。

（二）IS 曲线

1. IS 曲线

产品市场均衡是指产品市场上总供给与总需求相等。

从产品市场的均衡要求计划投资等于计划储蓄这一点出发，可以得到一条反映利率和收入相互关系的曲线，即 IS 曲线：

$$y=(\alpha+e-dr)/(1-\beta)$$

这条曲线上任何一点都代表一定的利率和收入的组合，在这些组合上投资等于储蓄。IS 曲线的右上方任一点，I<S。IS 左下方的任一点，I>S。

IS 曲线是一条向右下方倾斜的曲线。

2. IS 曲线的斜率和截距

IS 曲线的斜率为 $-d/(1-\beta)$，斜率的大小取决于投资需求对利率的敏感程度 d 和投资乘数 $1/(1-\beta)$。

IS 曲线的截距为（$\alpha+e$）/（$1-\beta$），截距的大小取决于自发总需求的大小。IS 曲线的位置取决于总需求中自发总需求的大小。如果自发总需求增加，IS 曲线就会向右移动；如果自发总需求减少，IS 曲线就会向左移动。

（三）利率的决定

1. 流动性偏好与货币需求动机

流动性偏好是指由于货币具有使用上的灵活性，人们宁肯牺牲利息收入而持有不生息的货币来保持财富的心理倾向。货币需求动机包括交易动机、谨慎动机、投机动机。货币需求函数：

$$L=L_1（y）+L_2（r）=ky-hr$$

货币需求曲线是一条向右下方倾斜的曲线。

流动性偏好陷阱：当利率极低时，人们会认为证券价格不大可能再上升而只会跌落，因而将所持有的有价证券全部换成货币，人们有了货币也绝不肯再去买有价证券以免债券价格下跌遭受损失。人们不管有多少货币都愿意持在手中，这种情况称为"凯恩斯陷阱"或"流动偏好陷阱"。

2. 货币供给

狭义的货币供给是指硬币、纸币和银行活期存款的总和（M1）。在狭义的货币供给上加上定期存款便是广义的货币供给（M2）。再加上个人和企业所持有的政府债券等流动资产或货币近似物，便是意义更广泛的货币供给（M3）。

货币的供给是由中央银行决定的，它是一个外生变量。货币供给曲线是一条垂直于 L 轴的直线。

3. 货币供求均衡和利率的决定

货币供给曲线与货币需求曲线相交的点决定了利率的均衡水平，它表示只有当货币供给等于货币需求时，货币市场才能达到均衡。

（四）LM 曲线

1. LM 曲线

LM 曲线表示满足货币市场均衡条件的收入与利率的组合。这条曲线上任何一点都代表一定的利率和收入的组合，在这些组合上货币供给等于货币需求。LM 曲线方程：

$$r=-m/h+（k/h）y$$

2. LM 曲线的斜率与截距

LM 曲线的斜率为 k/h，斜率的大小取决于货币需求对利率的敏感程度 h 和货币需求对收入变动的敏感程度 k。

LM 曲线中的水平部分是"凯恩斯区域"；LM 曲线中的垂直部分是"古典区域"；"古典区域"和"凯恩斯区域"之间的这段 LM 曲线是中间区域。LM 曲线斜率在古典区域无穷大，在凯恩斯区域为零，在中间区域为正值。

LM 曲线的截距决定 LM 曲线的移动：

（1）名义货币供给量 M 变动。在价格水平不变时，M 增加，LM 曲线向右下方移动。反之，LM 曲线向左上方移动。

（2）价格水平的变动，价格 P 上升时，实际货币供给量 m 就变小，LM 曲线向左上方移动。反之，LM 曲线向右下方移动。

（五）IS-LM 模型

1. 两个市场同时达到均衡的利率和收入

把表示产品市场均衡条件的 IS 曲线和表示货币市场均衡条件的 LM 曲线结合在一起，就可以得到 IS-LM 模型。IS 和 LM 曲线交点对应的利率和收入就是产品市场和货币市场同时达到均衡时的均衡利率和均衡收入。

2. 均衡收入和利率的变动

（1）当政府使用扩张性的财政和货币政策时，LM 和 IS 曲线将会向右移动，这时均衡收入会增加。

（2）当政府使用紧缩性的财政和货币政策时，LM 和 IS 曲线将会向左移动，这时均衡收入会减少。

（六）凯恩斯理论的结论

凯恩斯认为，形成资本主义经济萧条的根源是总需求不足，总需求不足又是由投资不足和消费不足引起的。从长期看，边际消费倾向递减会导致消费不足，边际资本效率递减则会导致投资不足。为解决总需求不足，必须发挥政府的作用，用财政政策和货币政策来实现充分就业。

三、本章复习与思考题答案

1. 自发投资支出增加 10 亿美元，会使 IS 曲线（　　）。

    A. 右移 10 亿美元　　　　　　　　B. 左移 10 亿美元

    C. 右移支出乘数乘以 10 亿美元　　D. 左移支出乘数乘以 10 亿美元

解析：选 C。IS 曲线方程为：$i=e-dr$。当自发投资增加 10 亿美元时，$i=e-dr+10$。IS 曲线在 Y 轴的截距由原来的 $(\alpha+e)/(1-\beta)$ 变为 $(\alpha+e+10)/(1-\beta)$，$1/(1-\beta)$ 为支出乘数，所以 IS 右移支出乘数乘以 10 亿美元。

2. 如果净税收增加 10 亿美元，会使 IS 曲线（　　）。

    A. 右移税收乘数绝对值乘以 10 亿美元　B. 左移税收乘数绝对值乘以 10 亿美元

C. 右移支出乘数乘以 10 亿美元　　　D. 左移支出乘数乘以 10 亿美元

解析：选 B。因为：$c=\alpha+\beta(y-t)$，$y=c+i+g=a+\beta(y-t)+e-dr+g$。

求解，得到：$y=(\alpha+e+g-\beta t-dr)/(1-\beta)$，$-\beta/(1-\beta)$ 为税收乘数，当税收增加 10 亿美元时，y 减少，即 IS 左移税收乘数乘以 10 亿美元。

3. 假定货币供给量和价格水平不变，货币需求为收入和利率的函数，则收入增加时（　　）。

　　A. 货币需求增加，利率上升　　　　B. 货币需求增加，利率下降

　　C. 货币需求减少，利率上升　　　　D. 货币需求减少，利率下降

解析：选 A。当收入提高时，交易动机变大，货币需求增加，货币供给不变时，利率上升。

4. 假定货币需求为 L=ky-hr，实际货币供给增加 10 亿美元而其他条件不变，则会使 LM（　　）。

　　A. 右移 10 亿美元　　　　　　　　B. 右移 k 乘以 10 亿美元

　　C. 右移 10 亿美元除以 k　　　　　D. 右移 k 除以 10 亿美元

解析：选 C。LM 曲线在 Y 轴上的截距是 m/k，当货币供给增加 10 亿美元时，LM 曲线向右移动，移动的距离是 10 除以 k。

5. 利率和收入的组合点出现在 IS 曲线右上方、LM 曲线左上方的区域中，则表示（　　）。

　　A. 投资小于储蓄且货币需求小于货币供给

　　B. 投资小于储蓄且货币需求大于货币供给

　　C. 投资大于储蓄且货币需求小于货币供给

　　D. 投资大于储蓄且货币需求大于货币供给

解析：选 A。IS 右上方表示投资<储蓄，LM 左上方表示货币需求<货币供给。

6. 怎样理解 IS-LM 模型是凯恩斯主义宏观经济学的核心？

答：凯恩斯宏观经济理论的核心是有效需求理论，这个理论是建立在边际消费倾向递减、资本边际效率递减和流动性偏好三大心理定律的基础之上的，并通过消费、投资、货币需求和货币供给四个变量反映出来。IS-LM 模型则将这四个变量放在一个理论框架内，构成了一个产品市场和货币市场相互作用共同决定国民收入和利率的理论体系，从而使凯恩斯有效需求理论得到了较为完善的表述。同时，在 IS-LM 模型的基础上，凯恩斯的经济政策思想也可以得到很好的反映，有了 IS-LM 模型，人们不仅可以方便地分析货币政策、财政政策在国民收入和利率决定中的作用，分析它们之间的相互关系，而且也能利用它分析凯恩斯主义与其他宏观经济学流派的分歧。

因此，IS-LM 模型是凯恩斯主义宏观经济理论的核心。

7. 在 IS 和 LM 两条曲线相交时所形成的均衡收入是否就是充分就业的国民收入？为什么？

答：在 IS 和 LM 曲线的交点上，实现了产品市场和货币市场的同时均衡，然而，这一均衡并不一定就是充分就业的均衡。例如，当产品市场的总需求水平比较低，即总需求低于充分就业时的总需求水平时，存在通货紧缩缺口，表现在图形上就是，IS 曲线和 LM 曲线交点的位置比较偏左方，此时，两大市场同时均衡所决定的国民收入 y_0 就小于充分就业的国民收入 y_f，如图 3-1 所示。反之，当总需求水平过于高涨时，存在通货膨胀缺口，产品市场和货币市场同时均衡所决定的国民收入，即 IS 曲线和 LM 曲线交点所对应的国民收入会超过充分就业的国民收入。

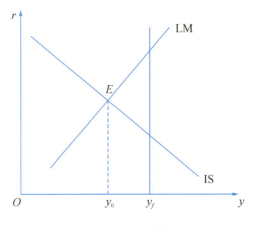

图 3-1　第 7 题图

8. 如果产品市场和货币市场起初没有同时达到均衡，而市场也能使其走向均衡或者说一般均衡，那为什么还要政府干预经济生活？

答：从 IS 曲线和 LM 曲线相交点为均衡点的分析知道，均衡点 E 实现了产品和货币两个市场的同时均衡，只要投资、储蓄、货币需求和货币供给的关系不变，任何失衡情况的出现都是不稳定的，最终会趋向均衡。但在 IS 和 LM 两条曲线相交时所形成的均衡收入未必就是充分就业的国民收入。在这种情况下，仅靠市场的自发调节，无法实现充分就业均衡，这就需要国家利用财政政策和货币政策进行调节，使经济达到充分就业的均衡。财政政策是政府变动支出和税收来调节国民收入，如果政府增加支出，或降低税收，或二者双管齐下，IS 曲线就会向右上方移动，和 LM 曲线相交于更右边的均衡点，达到充分就业的收入水平。货币政策是货币当局（中央银行）用变动货币供应量的办法来改变利率和收入，当中央银行增加货币供给时，LM 曲线向右下方移动，和 IS 曲线相交于更右边的均衡点，也会达到充分就业的收入水平。当然，国家也可以同时改变税收（t）、政府支出（g）和货币供给量（M）来同时移动 IS 曲线和 LM 曲线，使二者相交于 yf 的垂线上的 E_1，以实现充分就业（见图 3-2）。

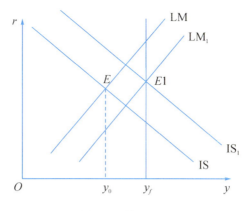

图 3-2　第 8 题图

9. 一个预期长期实际利率是 3% 的厂商正在考虑一个投资项目清单，每个项目都需要花费 100 万美元，这些项目在回收期长短和回收数量上不同，第一个项目将在两年内回收 120 万美元；第二个项目将在三年内回收 125 万美元，第三个项目将在四年内回收 130 万美元。请问：哪个项目值得投资？如果利率是 5%，答案有变化吗？（假定价格稳定）。

答：一个项目当预期收益的现值大于投资花费时，就值得投资。若预期收益现值小于投资花费，就不值得投资。

第一个项目的现值：$120/(1+0.03)=113$（万美元）>100 万美元，值得投资。

第二个项目的现值：$125/(1+0.03)=114$（万美元）>100 万美元，值得投资。

第三个项目的现值：$130/(1+0.03)=115$（万美元）>100 万美元，值得投资。

同理，当预期利率为 5% 时，情况如下：

第一个项目的现值：$120/(1+0.05)=108.84$（万美元）>100 万美元，值得投资。

第二个项目的现值：$125/(1+0.05)=107.98$（万美元）>100 万美元，值得投资。

第三个项目的现值：$130/(1+0.05)=106.95$（万美元）>100 万美元，值得投资。

10. 假定每年通胀率是 4%，上题中回收的资金以当时的名义美元计算，这些项目仍然值得投资吗？

答：当通货膨胀率为 4% 时，名义利率＝实际利率＋通货膨胀率＝4%＋3%＝7%。

第一个项目的现值：$120/(1+0.07)=104.8$（万美元）>100 万美元，值得投资。

第二个项目的现值：$125/(1+0.07)=102$（万美元）>100 万美元，值得投资。

第三个项目的现值：$130/(1+0.07)=99.2$（万美元）<100 万美元，不值得投资。

11.（1）若投资函数为 $i=100$（亿美元）$-5r$，找出利率 r 为 4%、5%、6%、7% 时的投资量；

（2）若储蓄为 $s=-40$（亿美元）$+0.25y$，找出与上述投资相均衡的收入水平；

（3）求 IS 曲线并作出图形。

答：（1）因为 $i=100-5r$，得到：

当 $r=4\%$ 时，$i=100$（亿美元）$-5\times4=80$（亿美元）。

当 $r=5\%$ 时，$i=100$（亿美元）$-5\times5=75$（亿美元）。

当 $r=6\%$ 时，$i=100$（亿美元）$-5\times6=70$（亿美元）。

当 $r=7\%$ 时，$i=100$（亿美元）$-5\times7=65$（亿美元）。

（2）因为：$i=s$，得到：

$100-5r=-40+0.25y$

$y=560-20r$

当 $r=4$ 时，$y=480$ 亿美元；当 $r=5$ 时，$y=460$ 亿美元；当 $r=6$ 时，$y=440$ 亿美元；当 $r=7$ 时，$y=420$ 亿美元。

（3）由 $100-5r=-40+0.25y$，推出 $r=28-0.05y$。IS 曲线如图 3-3 所示：

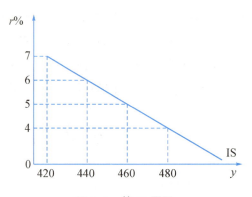

图 3-3　第 11 题图

12. 假定：

①消费函数为 $c=50+0.8y$，投资函数为 $i=100$（亿美元）$-5r$；

②消费函数为 $c=50+0.8y$，投资函数为 $i=100$（亿美元）$-10r$；

③消费函数为 $c=50+0.75y$，投资函数为 $i=100$（亿美元）$-10r$。

试计算：

（1）求①、②、③的 IS 曲线；

（2）比较①和②，说明投资对利率更敏感时，IS 曲线的斜率发生什么变化；

（3）比较②和③，说明边际消费倾向变动时，IS 曲线斜率发生什么变化。

答：（1）由题意，得到：$i=s$。

$s=y-c=y-（50+0.8y）=-50+0.2y$

$i=100-5r=-50+0.2y$，整理后得：$y=750-25r$，这是①的 IS 曲线方程。

因为：$s=y-c=y-（50+0.8y）=-50+0.2y$。

$i=100-10r$，$i=s$，由此得到：$y=750-50r$，这是②的 IS 曲线方程。

因为：$s=y-c=y-（50+0.75y）=-50+0.25y$，$i=100-10r$，$i=s$。

由此得到：$y=600-40r$，这是③的 IS 曲线方程。

（2）因为：①中的投资函数：$i=100-5r$；②中的投资函数：$i=100-10r$。

所以②中的投资对利率的敏感度更高。

IS 曲线中，②的斜率绝对值小，更加平坦。

（3）当消费函数由 $c=50+0.8y$ 变为 $c=50+0.75y$ 时，边际消费倾向绝对值变小了，而 IS 曲线斜率绝对值变大了，更加陡峭了。

13. 假定货币需求为 $L=0.2y-5r$。

（1）画出利率为 10%、8% 和 6%，而收入为 800 亿美元、900 亿美元和 1 000 亿美元时的货币需求曲线。

（2）若名义货币供给量为 150 亿美元，价格水平 $P=1$，找出货币需求与供给相均衡时的收入和利率。

（3）画出 LM 曲线，并说明什么是 LM 曲线。

（4）若货币供给为 200 亿美元，再画一条 LM 曲线，这条 LM 曲线与（3）这条 LM 曲线相比，有何不同？

（5）对于（4）中这条 LM 曲线，若 $r=10\%$，$y=1\,100$ 亿美元，货币需求与供给是否均衡？若不均衡利率会怎样变动？

答：（1）当 $r=10$，$y=800$ 时，$L=0.2y-5r=0.2\times800-5\times10=110$（亿美元）；

当 $r=10$，$y=900$ 时，$L=0.2y-5r=0.2\times900-5\times10=130$（亿美元）；

当 $r=10$，$y=1\,000$ 时，$L=0.2y-5r=0.2\times1\,000-5\times10=150$（亿美元）。

同理，当 $r=8$，$y=800$ 时，$L=120$（亿美元）；

当 $r=8$，$y=900$ 时，$L=140$（亿美元）；

当 $r=8$，$y=1\,000$ 时，$L=160$（亿美元）。

而当 $r=6$，$y=800$ 时，$L=130$（亿美元）；

当 $r=6$，$y=900$ 时，$L=150$（亿美元）；

当 $r=6$，$y=1\,000$ 时，$L=170$（亿美元）。

根据这些数据画出图形，如图 3-4 所示：

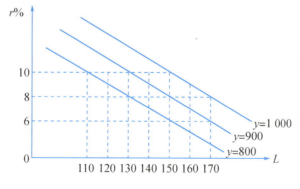

图 3-4　第 13（1）题图

（2）当名义货币供给量为 150 亿美元，价格水平 $P=1$ 时，得到：

$L=0.2y-5r$，$M/P=150$，$L=M/P$

因此，$0.2y-5r=150$，即 $y=750+25r$。

当 $r=6$ 时，$y=900$ 亿美元；当 $r=8$ 时，$y=950$ 亿美元；当 $r=10$ 时，$y=1\,000$ 亿美元。

（3）LM 曲线代表了满足货币市场均衡条件下的收入 y 和利率 r 之间的关系。根据 $0.2y-5r=150$，做出 LM 曲线，如图 3-5 所示。

（4）当货币供给为 200 亿美元时、LM 曲线方程为：$0.2y-5r=200$。做出 LM′曲线，是 LM 曲线向右平行移动 250 个单位得到，如图 3-5 所示。

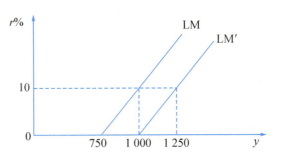

图 3-5　第 13（3）、（4）题图

（5）因为货币需求 $L=0.2y-5r=0.2\times1\,100-5\times10=170$ 亿美元，货币供给 $M=200$ 亿美元，因此，$L<M$，利率下降直至达到新的均衡。

14. 假定名义货币供给量用 M 表示，价格水平用 P 表示，实际货币需求用 $L=ky-hr$ 表示。

（1）求 LM 曲线的代数表达式，找出 LM 曲线的斜率表达式。

（2）找出 $k=0.2$，$h=10$；$k=0.2$，$h=20$；$k=0.1$，$h=10$ 时 LM 曲线的斜率的值。

（3）当 k 变小时，LM 斜率如何变化；h 增加时，LM 斜率如何变化，并说明变化原因。

（4）若 $k=0.2$，$h=0$，LM 曲线形状如何？

答：（1）货币的实际供给为：M/P，货币的需求为：$L=ky-hr$。

因此，得到：$L=M/P=ky-hr$，整理，得出：$r=-M/Ph+（k/h）y$。

这就是 LM 曲线的代数表达式，斜率为 k/h。

（2）当 $k=0.2$，$h=10$ 时，斜率 $k/h=0.2/10=0.02$；

$k=0.2$，$h=20$ 时，斜率 $k/h=0.2/20=0.01$；

$k=0.1$，$h=10$ 时，斜率 $k/h=0.1/10=0.01$。

（3）LM 曲线的斜率为 k/h。k 越小，斜率越小，LM 曲线越平坦。h 增加时，斜率变小，LM 曲线也越平坦。

（4）当 $k=0.2$，$h=0$ 时，LM 曲线的方程为：$M=0.2y$，即 $y=5M$。

因此，LM 曲线垂直于横轴。

15. 假设在一个只有家庭和企业的两部门经济中，消费 $c=100+0.8y$，投资 $i=150-$

$6r$，实际货币供给 $m=150$，货币需求 $L=0.2y-4r$（单位都是亿美元）。

（1）求 IS 和 LM 曲线。

（2）求产品市场和货币市场同时均衡时的利率和收入。

答：（1）由题意得：$y=c+i$，$c=100+0.8y$，$i=150-6r$。

因此：$y=250+0.8y-6r$，整理后得到：$y=1\ 250-30r$。这就是 IS 曲线方程。

因为：$L=m$，$L=0.2y-4r$，$m=150$。

由此得出：$y=750+20r$。这就是 LM 曲线方程。

（2）产品市场和货币市场在 IS 与 LM 相交的交点处达到均衡。将 IS 曲线方程与 LM 曲线方程联立成方程组：

$$\begin{cases} y=1\ 250-30r \\ y=750+20r \end{cases}$$

求解，得到：$r=10$，$y=950$。

四、本章课后辅导题

（一）名词解释

1. IS 曲线　2. LM 曲线　3. 资本边际效率　4. 货币需求函数

5. 交易动机　6. 投机动机　7. 流动性陷阱　8. 流动偏好

（二）单项选择题

1. 投资支出函数是实际利率的（　　　）。

　　A. 增函数　　　　　　　　　　B. 减函数

　　C. 凸函数　　　　　　　　　　D. 都不是

2. 影响货币总需求的因素是（　　　）。

　　A. 只有收入　　　　　　　　　B. 只有利息率

　　C. 流动偏好　　　　　　　　　D. 利息率和收入

3. 当（　　　），IS 曲线越陡峭。

　　A. 乘数越小　　　　　　　　　B. 投资对利率敏感时

　　C. 边际消费倾向大时　　　　　D. 税率 t 越小

4. 当增加政府的购买时，IS 曲线会（　　　）。

　　A. 右移　　　　　　　　　　　B. 左移

　　C. 不变　　　　　　　　　　　D. 旋转

5. 在古典区域，LM 曲线（　　　）。

　　A. 垂直　　　　　　　　　　　B. 水平

　　C. 向右下方倾斜　　　　　　　D. 向右上方倾斜

6. 如果自发投资增加，则（　　　）。

    A. IS 向左移动

    B. IS 曲线向右移动

    C. LM 曲线向左移动

    D. LM 曲线向右移动

7. IS 与 LM 曲线相交时，（　　　）。

    A. 产品市场均衡，货币市场非均衡

    B. 产品市场、货币市场都非均衡

    C. 产品市场、货币市场都均衡

    D. 产品市场非均衡，货币市场均衡

8. IS 曲线右上方，LM 曲线右下方的组合表示（　　　）。

    A. 产品求大于供，货币求大于供

    B. 产品供大于求，货币求大于供

    C. 产品求大于供，货币供大于求

    D. 产品供大于求，货币供大于求

9. IS 曲线表示的是（　　　）。

    A. 货币市场均衡时的收入和利率组合

    B. 货币供给—货币需求时收入和利率的组合

    C. 产品市场均衡时的收入和利率组合

    D. 没有意义

10. 其他条件不变时，当税收增加 Δt 时，IS 曲线（　　　）。

    A. 左移 Δt

    B. 左移 $\Delta t \times$税收乘数

    C. 右移 $\Delta t \times$税收乘数

    D. 右移 Δt

11. 当其他条件不变时，$L=ky-hr$，实际货币供给增加 ΔM 时，LM 曲线（　　　）。

    A. 右移 ΔM

    B. 右移 $\Delta M/k$

    C. 左移 $\Delta M/k$

    D. 右移 $k/\Delta M$

12. 在流动性陷阱区域，（　　　）。

    A. 投机性货币需求高

    B. 投机性货币需求低

    C. 交易性货币需求高

    D. 交易性货币需求低

13. 自发性消费支出增加 10 亿美元，会使 IS 曲线（　　　）。

    A. 右移乘数乘以 10 亿美元

    B. 左移 10 亿美元

    C. 右移 10 亿美元

    D. 左移乘数乘以 10 亿美元

14. 如果国民收入增加，货币需求曲线将（　　　）。

    A. 将向左移动，利率上升

    B. 将向左移动，利率下降

    C. 将向右移动，利率上升

    D. 将向右移动，利率下降

15. 其他条件不变时，（　　　），IS 曲线向右移动。

    A. 货币投机需求增加

    B. 货币供给量增加

    C. 政府购买增加

    D. 自发性投资减少

16. IS 曲线和 LM 曲线方程分别为 $y=3\,500-500r$ 和 $y=500+500r$ 时，均衡利率和收入分别为（　　　）。

    A. $r=3\%$，$y=2\,000$

    B. $r=4\%$，$y=2\,000$

C. $r=5\%$, $y=2\,500$　　　　D. $r=3\%$, $y=2\,500$

17. 其他条件不变时，（　　），收入增加，利率上升。

　　A. 私人投资增加　　　　　　　B. 政府税收增加

　　C. 政府供给增加　　　　　　　D. 以上都不是

18. IS-LM 模型研究的是（　　）。

　　A. 产品市场的均衡问题

　　B. 货币市场的均衡问题

　　C. 产品市场与货币市场的同时均衡问题

　　D. 产品市场与劳动市场的同时均衡问题

19. 当货币市场上的货币供给超过货币需求时，（　　）。

　　A. 债券价格下降，利率下降　　　B. 债券价格不变，利率上升

　　C. 债券价格上升，利率下降　　　D. 债券价格上升，利率上升

20. 凯恩斯经济学诞生的背景是（　　）。

　　A. 经济繁荣时期　　　　　　　B. 经济萧条时期

　　C. 经济平稳发展时期　　　　　D. 经济发展萌芽时期

21. 按照凯恩斯的货币需求理论，利率上升，货币需求量将（　　）。

　　A. 增加　　　　　　　　　　　B. 减少

　　C. 不变　　　　　　　　　　　D. 可能增加，也可能减少

22. LM 曲线表示（　　）。

　　A. 货币市场均衡时，收入与利率之间同方向的变动关系

　　B. 货币市场均衡时，收入与利率之间反方向的变动关系

　　C. 产品市场均衡时，收入与利率之间同方向的变动关系

　　D. 产品市场均衡时，收入与利率之间反方向的变动关系

23. 如果货币市场均衡方程为 $r = ky/h - m/h$，则引致 LM 曲线变得平坦是由于（　　）。

　　A. k 变小，h 变大　　　　　B. k 变大，h 变小

　　C. k 和 h 同比例变大　　　　D. k 和 h 同比例变小

24. 在 IS 曲线和 LM 曲线的交点（　　）。

　　A. 经济一定处于充分就业的状态

　　B. 经济一定处于非充分就业的状态

　　C. 经济有可能处于充分就业的状态

　　D. 经济资源一定得到了充分利用

25. 如果利率和收入都能按供求情况自动调整，则利率和收入的组合点出现在 IS 曲线左下方、LM 曲线右下方的区域中时，将会使（　　）。

　　A. 利率上升，收入增加　　　　B. 利率上升，收入下降

C. 利率上升，收入不变　　　　　　　D. 利率下降，收入增加

（三）简答题

1. 货币需求动机包括哪几个方面？

2. 为什么说货币的投机需求是利率的减函数？

3. 货币市场最初是均衡的，这时中央银行增加货币供给，请说明新的均衡利率实现的过程。

4. 什么叫"流动性陷阱"？

5. 假设货币的投机需求在每个利率水平，货币的交易需求在每个产出、收入水平均下降，试说明此时 LM 曲线会发生什么变化并解释理由。

（四）计算题

1. 设投资函数为 $i=e-dr$。

（1）当 $i=250-5r$，找出 r 为 10%、8%、6% 的投资量，画出投资需求曲线。

（2）当 $i=250-10r$，找出 r 为 10%、8%、6% 的投资量，画出投资需求曲线。

（3）说明 d 的增加对投资曲线的影响。

2. 已知某小国在封闭条件下的消费函数为 $c=305+0.8y$，投资函数为 $i=395-200r$，货币的需求函数为 $L=0.4Y-100r$，实际货币供给 $m=150$。

（1）求出 IS 曲线和 LM 曲线的方程。

（2）计算均衡的国民收入和利息率。

（3）如果此时政府购买增加 100，那么均衡国民收入会增加多少？

（4）计算（3）中的政府购买乘数。

3. 假定名义货币供给量用 M 表示，价格水平 $P=1$，货币需求用 $L=ky-hr$ 表示。

（1）求 LM 曲线的代数表达式。

（2）找出当 $k=0.20$，$h=10$；当 $k=0.20$，$h=20$ 时，LM 斜率的值。

（3）当 k 变小时，LM 曲线的斜率如何变化，h 增大时 LM 曲线的斜率如何变化？

（4）若 $k=0.2$，$h=0$，LM 曲线变化如何。

4. 假定某经济中消费函数为 $C=0.8(1-t)y$，税率 $t=0.25$，投资函数为 $i=900-50r$，政府购买 $g=800$，货币需求为 $L=0.25y+200-62.5r$，实际货币供给为 $m=700$，试求：

（1）IS 曲线。

（2）LM 曲线。

（3）两个市场同时均衡时的利率和收入。

5. 若经济模型如下：$c=200+0.8y$，$i=300-5r$，$L=0.2y-5r$，$m=300$ 亿元。试求：

（1）IS-LM 模型和均衡条件下的产出水平和利率水平。

（2）若充分就业的有效需求为 2 020 亿元，政府为了实现充分就业，运用扩张性的财政政策或货币政策，追加的政府购买支出或货币供给分别为多少？

6. 假定有：消费函数 $c=50+0.8y$，投资函数 $i=350-2\,000r$，政府购买支出 $g=10$，货币需求函数 $L=500-1\,000r$，货币供给量 $m=400$，且潜在产出 $y_f=1\,500$。

（1）求 IS 曲线方程和 LM 曲线方程。

（2）求解均衡收入和利率。

（3）如果单纯通过财政政策实现充分就业均衡，需要如何调整政府购买支出？

（五）论述题

试述凯恩斯理论框架。

五、本章课后辅导题答案及分析

（一）名词解释

1. IS 曲线是产品市场均衡情况下，利率和收入的各种组合的轨迹。

2. LM 曲线是货币市场均衡情况下，利率和收入的各种组合的轨迹。

3. 资本边际效率是一种贴现率，这种贴现率正好使资本物品在使用期内各项预期收益的现值之和等于这项资本物品的供给价格或重置成本。

4. 货币需求函数是指表达货币需求量与决定货币需求的各种因素之间的关系的函数。货币需求函数可描述为 $L=L_1+L_2=ky-hr$。

5. 交易动机是指个人和企业为了进行正常的交易活动而持有一部分货币的动机。

6. 投机动机是指人们为了抓住有利的购买有价证券的机会而持有一部分货币的动机。

7. 流动偏好陷阱是指当利率极低时，人们认为利率不大可能下降，债券价格不大可能再上升，人们不管有多少货币都愿意持有在手中的现象。

8. 流动性偏好是指由于货币具有使用上的灵活性，人们宁肯牺牲利息收入而持有不生息的货币来保持财富的心理倾向。

（二）单项选择题

1. B。投资函数是 $r=e-dr$，当利率增加时，投资减少，因此投资是利率的减函数。

2. D。货币需求函数是 $L=ky-hr$，当利率增加时，货币需求减少；当国民收入增加时，货币需求增加。

3. A。乘数 $1/(1-\beta)$ 越小，IS 曲线斜率绝对值为 $(1-\beta)/d$ 越大，IS 曲线越陡峭。

4. A。增加政府购买相当于扩张性的财政政策，因此 IS 曲线右移。

5. A。古典区域，财政政策无效，因此 LM 曲线垂直。

6. B。IS 曲线的截距为 $(\alpha+e)/d$，当自发投资 e 增加时，截距变大，IS 曲线向右移动。

7. C。IS 曲线和 LM 曲线交点表示产品市场和货币市场同时均衡。

8. B。IS 曲线的右上方表示有产品超额供给，LM 曲线右下方表示有货币超额需求。

9. C。IS 曲线描述的是投资与储蓄相等时的收入和利率组合，即产品市场均衡时的收入和利率组合。

10. B。乘数的作用。

11. B。由 $ky-hr=M/P$。

12. A。流动性陷阱区域表示利率极低时，货币投机需求无限大，投机需求曲线为一条水平线，LM 曲线也是水平线。

13. A。自发性消费支出增加将导致总需求提高，因此它的增加必定导致 IS 曲线右移 10 亿美元和乘数的乘积。

14. C。国民收入增加时，由交易和谨慎动机需要的货币需求增加，这时货币供给不变，利率会上升。

15. C。政府购买增加相当于扩张性的财政政策，因此 IS 曲线将向右移动。

16. A。解 IS 和 LM 两条曲线的方程组可得。

17. A。投资增加时，IS 曲线右移，LM 曲线不变时，利率上升。

18. C。IS 曲线和 LM 曲线的交点反映的是货币市场和产品市场同时达到均衡的均衡点。

19. C。货币供给>货币需求时，利率下降，债券价格上升。

20. B。凯恩斯理论正是为了解决 20 世纪 20 年代末出现的严重的经济危机问题应运而生的。

21. B。根据货币需求函数，货币需求与利率负相关。

22. A。LM 曲线表示满足货币市场均衡条件的收入与利率的组合，且两者正相关，LM 曲线向右上方倾斜。

23. A。LM 曲线方程的斜率为 k/h，LM 曲线变平坦即斜率 k/h 变小。

24. C。IS 曲线和 LM 曲线的交点虽然实现了产品市场和货币市场的同时均衡，但并不一定就是充分就业的均衡，达到的均衡收入并不一定就等于充分就业时的收入。

25. A。组合点在 IS 曲线左下方，则投资大于储蓄，存在超额产品需求，将会使收入增加；组合点在 LM 曲线右下方，则货币需求大于供给，存在超额货币需求，将会使利率上升。

(三) 简答题

1. 答：凯恩斯理论将货币需求的动机分成三种：交易动机、预防动机和投机动机。交易动机是为了日常交易而产生的持有货币的愿望，预防动机是为了应付紧急情况而产生的持有货币的愿望，而投机动机是人们根据对市场利率变化的预测，持有货币以便从中获利的动机。交易动机和预防动机所产生的货币需求数量取决于国民收入水平，是收入的增函数。投机动机所产生的货币需求与市场利率成反比例关系，即利率的上升将导致投机动机所产生的货币需求减少。

2. 答：货币的投机性需求是指人们由投机动机产出的货币需求，而投机动机是指人们为了抓住有利的购买有价证券的机会而持有一部分货币动机。

按凯恩斯的说法，人们之所以为了投机目的而持有货币，是因为其他资产形式或者说债券的收益是不确定的。持有债券的盈亏包括债券的利息和债券的资本价值可能发生的增值和亏损。如果资本价值亏损超过利息收入，则净收益为负数，人们就将不持有债券而只持有货币。而债券价格是和利率反方向联系的，因此，如果人们预期利息率将显著提高，即债券价格将显著下降，他们将只持有货币。反之，如果人们预期利息率将显著下降，即债券价格将显著上升，他们将会尽量少地持有货币，而将货币拿去购买债券，以备日后债券价格上升时获取差价收益或资本增值。这样，对货币的投机需求就是利率的减函数。

3. 答：货币供给增加意味着在利息率既定时货币的供给量将大于货币需求量。这样，货币持有者就想减少货币持有量，并用这些货币去购买债券，对债券需求的增加将引起债券价格上升，进而债券的利率将下降，随着利率的下降，货币的需求增加，这就减少了超额的货币供给。这个过程一直持续到利率的下降足以使货币需求量等于货币供给量为止，这时货币市场达到了新的均衡。

4. 答："流动性陷阱"是指当利率极低时，人们会认为这时利率不会再下降，或者说有价证券价格不会再上升，而只会立刻或在过些时候会下跌，因而会将所持有的有价证券全部换成货币。人们有了货币也决不肯再去买有价证券，以免证券价格下跌时遭受损失，这时人们不管有多少货币都愿意持在手中，这种情况称为"凯恩斯陷阱"或"流动性偏好陷阱"。

5. 答：LM 曲线将向右移动。LM 曲线是表示货币市场均衡的曲线，曲线上任何一点都代表一定利率和收入的组合，在每种组合中，货币供求都是相等的。在凯恩斯的货币需求理论中，货币需求包括投机、交易和预防三种需求，当投机需求在每个利率水平，货币的交易需求在每个产出、收入水平均下降时，表明货币需求下降，而货币供给不变，这样就偏离了均衡的状态，原来 LM 曲线上各点就将出现货币供给大于货币需求的情况，此时要恢复均衡状态就要求利率下降或收入增加，从而 LM 曲线将向右移动。

(四) 计算题

1. 解：（1）若 $i = 250 - 5r$，

当 $r = 10$ 时，$i = 250 - 5 \times 10 = 200$；

当 $r = 8$ 时，$i = 250 - 5 \times 8 = 210$；

当 $r = 6$ 时，$i = 250 - 5 \times 8 = 220$，如图 3-6 所示。

（2）若 $i = 250 - 10r$，

当 $r = 10$ 时，$i = 250 - 10 \times 10 = 150$；

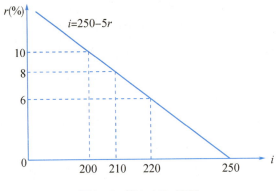

图 3-6　第 1（1）题图

当 $r=8$ 时，$i=250-10\times8=170$；

当 $r=6$ 时，$i=250-10\times6=190$，如图 3-7 所示。

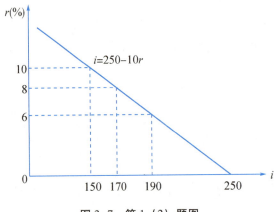

图 3-7　第 1（2）题图

（3）在投资函数 $i=e-dr$ 中，d 表示利率每上升或下降一个百分点，投资会减少或增加的数量，即投资需求对利率变化反应的敏感系数。当 d 从 5 变为 10 时，投资需求对利率变化的敏感程度上升了，在图形上表现为投资需求曲线变得更平坦了。

2. 解：（1）由 $y=c+i$，可得：

$y=305+0.8y+395-200r$

解得：$y=3\,500-1\,000r$，即 IS 曲线方程。

由 $L=m$ 得：$0.4y-100r=150$，

解得：$y=375+250r$，即 LM 曲线方程。

（2）解 IS 和 LM 曲线方程组成的方程组，得均衡水平：$r=2.5$，$y=1\,000$。

（3）IS 曲线方程可变为：$y=305+0.8y+395-200r+100$，即 $y=4\,000-1\,000r$。

解 IS 和 LM 曲线方程组成的方程组，得均衡水平为：$r=2.9$，$y=1\,100$。

因此，当政府购买增加 100 时，均衡收入增加 100。

（4）政府购买乘数 $K_g=\Delta y/\Delta g=100/100=1$。

3. 解：（1）由于 $M/P=L$，$P=1$，可得：

LM 曲线的表达式为：$ky-hr=M$，即 LM 曲线代数表达式为：$r=-M/h+（k/h）y$。

（2）当 $k=0.2$，$h=10$ 时，斜率为：$k/h=0.2/10=0.02$；

当 $k=0.2$，$h=20$ 时，斜率为：$k/h=0.2/20=0.01$。

（3）由于 LM 曲线斜率为 k/h，因此 k 越小，LM 曲线斜率越小，其曲线越平坦；h 越大，LM 曲线斜率也越小，其曲线也越平坦。

（4）若 $k=0.2$，$h=0$，则 LM 曲线为 $0.2y=M$，即：$y=5M$。此时，LM 曲线为一垂直于横轴 y 的直线，$h=0$ 表明货币与利率的大小无关，这正好是 LM 的古典区域情况。

4. 解：（1）这是一个三部门模型，已知 $c=0.8（1-t）y$，$t=0.25$，$i=900-50r$，$g=800$ 的条件下，由 $y=c+i+g$，可得 IS 曲线为：$y=4\,250-125r$。

（2）货币需求 $L=0.25y+200-62.5r$，货币供给 $m=700$，

因此 LM 曲线为：$y=2\,000+250r$。

（3）联立 IS 曲线方程和 LM 曲线方程得

$$\begin{cases} Y=4\,250-125r \\ Y=2\,000+250r \end{cases}$$

因此均衡利率 $r=6$，均衡收入 $y=3\,500$。

5. 解：（1）由 $y=c+i$，得：$y=200+0.8y+300-5r$，整理后得 IS 曲线方程为
$r=100-0.04y$

又由 $L=m$，得：$0.2y-5r=300$，整理后得 LM 曲线方程为：$r=-60+0.04y$。

以上两个方程组成方程组可解得：均衡收入 $y=2\,000$，均衡利率 $r=20$。

（2）设动用扩张的财政政策，政府追加政府购买支出为 Δg，则新的 IS 曲线方程为：

$y=200+0.8y+300-5r+\Delta g$

化简方程为：$r=100+0.2\Delta g-0.04y$。

求解联立方程组：

$$\begin{cases} r=100+0.2\Delta g-0.04y \\ r=-60+0.04y \end{cases}$$

得：$y=2\,000+2.5\Delta g$。

当 $y=2\,020$ 时，$\Delta g=8$。

设动用扩展的货币政策，中央银行追加的货币供应为 Δm，则新的 LM 曲线方程为
$0.2y-5r=300+\Delta m$

化简为

$r=-60-0.2\Delta m+0.04y$

求解联立方程组：

$$\begin{cases} r=-60-0.2\Delta m+0.04y \\ r=100-0.04y \end{cases}$$

得到：$y=2\,000+2.5\Delta m$。

当 $y=2\,020$ 时，$\Delta m=8$。

6. 解：（1）根据产品市场均衡条件 $y=c+i+g=410+0.8y-2\,000r$，可得 IS 方程：

$y=2\,050-10\,000r$。

根据货币市场均衡条件 $L=m$，即 $500-1\,000r=400$，可得 LM 方程：$r=0.1$。

（2）求解联立方程组：

$$\begin{cases} y=2\,050-10\,000r \\ r=0.1 \end{cases}$$

即得到：均衡收入 $y=1\,050$，均衡利率 $r=0.1$。

（3）假设实现充分就业的政府购买支出为 g'，则此时根据产品市场均衡条件 $y=c+i+g'$，得 IS 方程为：$y=2\,000+5g'-1\,000r$，LM 方程仍为：$r=0.1$，若要实现充分就业均衡，即均衡收入 $y=y_f=1\,500$，联立求解可得：$g'=100$，因此 $\Delta g=100-10=90$，即政府购买支出需增加 90。

（五）论述题

1. 答：凯恩斯经济理论纲要包括以下几点：

（1）国民收入决定于消费和投资。

（2）消费由消费倾向和收入决定。消费倾向分平均消费倾向和边际消费倾向。边际消费倾向大于 0 而小于 1，因此，收入增加时，消费也增加。但在增加的收入中，用来增加消费的部分所占比例可能越来越小。

（3）消费倾向比例稳定。因此，国民收入波动主要来自投资的变动。投资的增加或减少会通过投资乘数引起国民收入的多倍增加或减少。投资乘数与边际消费倾向有关。由于边际消费倾向大于 0 而小于 1，因此，投资乘数大于 1。

（4）投资由利率和资本边际效率决定，投资与利率成反方向变动关系，与资本边际效率成正方向变动关系。

（5）利率决定于流动偏好与货币数量。流动偏好是货币需求，由 L_1 和 L_2 组成，其中 L_1 来自交易动机和谨慎动机，L_2 来自投机动机。货币数量 m 是货币供给，由满足交易动机和谨慎动机的货币和满足投机动机的货币组成。

（6）资本边际效率由预期收益和资本资产的供给价格或者说重置成本决定。

凯恩斯认为，形成资本主义经济萧条的根源是消费需求和投资需求所构成的总需求不足以实现充分就业。消费需求不足是由于边际消费倾向小于 1，即人们不会把增加的收入全用来增加消费，而投资需求不足是由于资本边际效率在长期内递减。为解决有效需求不足，必须发挥政府作用，用财政政策和货币政策来实现充分就业。财政政策就是用政府增加支出减少税收以增加总需求，通过乘数原理引起收入多倍增加。货币政策是用增加货币供给量以降低利率，刺激投资从而增加收入。由于存在"流动性陷阱"，因此货币政策效果有限，增加收入主要靠财政政策。

第四章

总需求-总供给模型

一、本章知识鸟瞰图

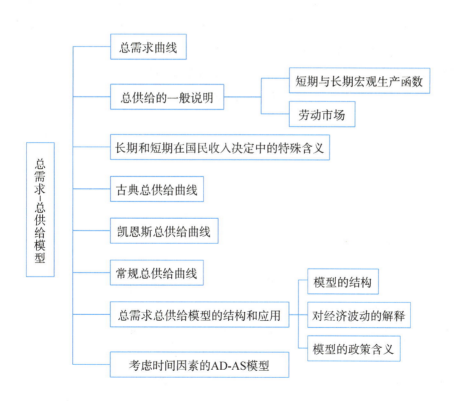

二、本章重点与难点

（一）总需求曲线

1. 总需求及总需求函数

总需求是经济社会对产品和劳务的需求总量，这一需求总量通常以产出水平来表示。总需求由消费需求、投资需求、政府需求和国外需求构成。

总需求函数被定义为以产量（国民收入）表示的需求总量和价格水平之间的关系。

2. 总需求曲线

总需求曲线即为总需求函数的几何表示，如图 4-1 所示。它表示社会的需求总量和价格水平之间的反方向关系，即总需求曲线是向右下方倾斜的。价格水平越高，需求总量越小；价格水平越低，需求总量越大。

价格水平上升，总需求减少，具体表现为：第一，利率效应。价格上升使货币需求增加，进而使利率上升，利率上升导致投资水平下降，因而总支出水平和收入水平下降。第二，实际余额效应。价格上升使人们所持有的货币及其他以货币衡量的具有固定价值的资产的实际价值降低。第三，价格水平上升，使人们的名义收入增加，税负增加，可支配收入下降，进而使人们的消费水平下降。

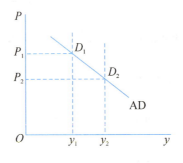

图 4-1　总需求曲线

3. 总需求曲线的推导

总需求曲线描述了与每一价格水平相对应的经济社会的总支出。一般地，总需求曲线可以从 IS-LM 模型中推导出来。假设在三部门经济中，IS 方程为：$y= c(y-t) + i(r)+g$，LM 方程为：$M/P= L_1(y) +L_2(r)$，如果把 y 和 r 当作未知数，而把 P 和其他变量当作参数对这两个方程联立求解 y，则 y 的解一般包含 P 这一变量，其表示了不同价格 P 与不同的总需求量 y 之间的函数关系，即为总需求函数。该函数所对应的图形表示即为总需求曲线。

4. 总需求曲线的移动

价格水平不变时，其他影响因素导致每一价格下的总需求量的变动，都将引起 AD 曲线的移动。导致 AD 曲线移动的因素主要有：

（1）消费者支出增加（如减税、股市高涨），将导致 AD 曲线向右移；反之则向左移。

（2）企业投资增加（如企业乐观情绪增加），将导致 AD 曲线向右移；反之则向左移。

（3）政府购买增加（如增加城市公共项目的支出），将导致 AD 曲线向右移；反之则向左移。

（4）使净出口增加的事件（如国外经济繁荣），将导致 AD 曲线向右移；反之则向左移。

（5）货币供给增加，将导致 AD 曲线向右移动；反之则向左移动。

概括来说，扩张性的财政政策和货币政策都会使总需求曲线向右移动。反之，紧缩性的财政政策和货币政策会使总需求曲线左移动。

（二）总供给的一般说明

总供给是经济社会所提供的总产量（或国民收入），即经济社会投入的基本资源所生产的产量。基本资源主要包括劳动、生产性资本存量和技术。

1. 短期和长期宏观生产函数

宏观生产函数又称总量生产函数，是指整个国民经济的生产函数，它表示总投入和总产出之间的关系。

假设一个经济社会在一定的技术水平下使用总量意义下的劳动和资本两种要素进行生产，则宏观生产函数可表示为

$$y = f(N, K) \tag{1}$$

式中，y 为总产出；N 为整个社会的就业量；K 为整个社会的资本存量；式（1）表明，经济社会的产出主要取决于整个社会的就业量、资本存量和技术水平。

按西方经济学的区分标准，长期是指资本存量、人口、生产技术以及一切生产要素都可以改变的情况；而在短期中，除了可变的生产要素之外，其他因素（如资本存量、人口、技术水平等）均保持不变。

（1）短期宏观生产函数。

短期宏观生产函数中，由于资本存量和技术水平在短期内不可能有较大的改变，所以二者被认为是不变的函数。用 $\bar{K}$ 表示不变的资本存量，则短期宏观生产函数可表示为

$$y = f(N, \bar{K}) \tag{2}$$

短期宏观生产函数式（2）表示，在一定的技术水平和资本存量条件下，经济社会

生产的产出 y 取决于就业量 N，即总产量是经济中就业量的函数，随总就业量的变化而变化。

短期宏观生产函数的两条重要性质，一是总产出随总就业量的增加而增加；二是在技术不变和 K 为常数的假设条件下，由于"边际报酬递减规律"的作用，随着总就业量的增加，总产出按递减的比率增加。具体如图 4-2 所示。

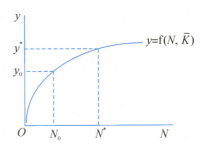

图 4-2　宏观生产函数

（2）长期生产函数。

在长期生产函数中，包括函数中的三个主要自变量（就业量、资本存量和技术）在内的一切自变量都可以改变。长期生产函数可以表示为

$$y^* = F\ (N^*,\ K^*) \tag{3}$$

上式（3）中，N^* 为各个短期中的充分就业；K^* 为各期的资本存量；技术水平变化没有被明确表示出来；y^* 为各期充分就业时的产量。

2. 劳动市场

（1）利润最大化的就业量。

劳动的边际产品等于实际工资时，实现利润最大化。其中，实际工资等于货币工资 W 除以价格水平 P，即 W/P。

图 4-3 显示了利润最大时的点。如果企业的就业低于这一水平，劳动的边际产品就将超过实际工资，因而存在着增加利润的机会，直到增雇的工人将劳动的边际产品降低到和实际工资相等时为止可实现利润最大化。

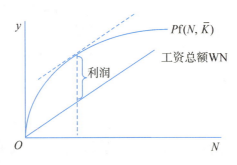

图 4-3　利润最大化的就业量

（2）劳动的需求和供给。

劳动的需求函数是实际工资的减函数，这是由于劳动的边际产品随劳动投入的增加而降低。如果用 N_d 表示劳动需求量，则劳动需求函数可表示为

$$N_d = N_d\left(\frac{W}{P}\right) \tag{4}$$

式中，$\frac{W}{P}$ 为实际工资；N_d 与 $\frac{W}{P}$ 成反向变动关系。实际工资低时，劳动的需求量大；实际工资高时，劳动的需求量小。

劳动供给也被认为是实际工资的增函数，劳动供给函数可表示为

$$N_S = N_S\left(\frac{W}{P}\right) \tag{5}$$

上式中，N_S 为劳动供给总量。劳动供给量是实际工资的增函数。实际工资低时，劳动供给量小；实际工资高时，劳动供给量大。

在价格和工资具有完全伸缩性的完全竞争的经济中，劳动市场的均衡条件为

$$N_S\left(\frac{W}{P}\right) = N_d\ \left(\frac{W}{P}\right) \tag{6}$$

劳动市场的均衡一方面决定了均衡的实际工资，另一方面决定了均衡的就业量。如图 4-4 所示，E 点为劳动市场的均衡点。

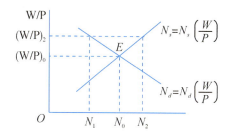

图 4-4　劳动市场均衡

（3）总供给曲线。

总供给函数是指总产量与一般价格水平之间的关系。总供给函数的几何表达即为总供给曲线（AS 曲线）。

宏观经济学将总产出与价格水平之间的关系分为三种，即古典总供给曲线、凯恩斯总供给曲线和常规总供给曲线。

①古典总供给曲线。

在长期中，经济的就业水平在充分就业的状态上，实际工资调整到使劳动市场达到均衡的水平。也就是说，在长期中，经济的就业水平或产量并不随着价格水平的变动而变动，而始终处在充分就业的状态上。因此，古典学派认为，总供给曲线是一条位于经济的潜在产量或充分就业产量水平上的垂直线。如图 4-5 所示。

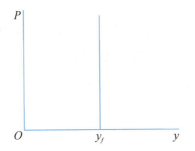

图 4-5　古典总供给曲线

　　古典总供给曲线表明政策具有无效性。增加需求的政策并不能改变产量，而只能造成物价上涨，甚至通货膨胀。

　　②凯恩斯总供给曲线。

　　凯恩斯主义假设，货币工资具有"刚性"，即假设由于种种原因，货币工资不会轻易变动。在"刚性"的货币工资假设下，凯恩斯的总供给曲线被认为是一条水平线，表示即产量（从而国民收入）增加时，价格和货币工资均不会发生变化。具体如图 4-6 所示。

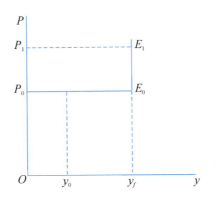

图 4-6　凯恩斯总供给曲线

　　与古典总供给曲线不同的是，凯恩斯总供给曲线所研究的是短期的情况。

　　凯恩斯总供给曲线的政策含义：只要国民收入或产量处于小于充分就业的水平，那么，国家就可以采用增加需求的政策来使经济达到充分就业状态。具体如图 4-7 所示。

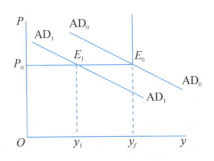

图 4-7　凯恩斯总供给曲线的政策含义

图 4-7 中的 E_1 点，价格水平为 P_0，产量（y_1）处于小于充分就业的萧条状态。为了改善这一状态，国家可以通过增加需求的政策来使总需求曲线（AD_1）向右移动到 AD_0 的位置。这样，P_0E_0 与 AD_0 相交于 E_0 点。该点表明，此时的价格水平仍然为 P_0，但国民收入已经达到充分就业的数量（y_f）。

③常规总供给曲线。

古典总供给曲线和凯恩斯总供给曲线分别代表了两种极端状况，前者来自货币工资和价格水平能够立即进行调整的假设；后者来自货币工资和价格水平完全不能进行调整的假设。西方学者认为，在通常的或常规的情况下，短期总供给曲线位于两个极端之间，如图 4-8 中的 CC 线所示。

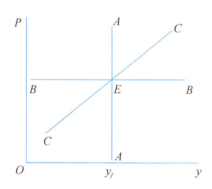

图 4-8 常规总供给曲线（线性的）

促使短期总供给曲线向右上方延伸的一个重要因素是投入要素价格的黏性，即投入要素（例如工资）的价格在短期中不具有伸缩性。

对于总供给曲线，如果投入要素的价格（如货币工资）相对于价格水平，其调整速度慢，调整幅度小，则总供给曲线相对平缓；如果要素价格相对于产品价格，其调整速度快，调整幅度大，则总供给曲线相对陡峭。图 4-8 中的 AA、BB 和 CC 三条直线分别代表古典、凯恩斯和常规总供给曲线。CC 线越接近 BB 线，W 和 P 被假设的调节速度越慢；一直到 CC 和 BB 相重合的凯恩斯极端。CC 线越是接近 AA 线，W 和 P 被假设的调节速度越快，一直到 CC 和 AA 相重合的古典极端。可见，CC 的斜率代表着被假设的调节速度，斜率由 0 到 ∞，表示从凯恩斯极端到古典极端变动。

西方学者认为，能代表实际情况的常规总供给曲线是非线性的，如图 4-9 所示。图中，左下方的 C 点代表较为严重的萧条状态；由于这种状态存在着大量的失业和闲置的生产能力，所以当产量或国民收入（y）增加时，P 会稍有上升，但上升的速度不会很快，即 CC 的斜率相对较小。左方的 C 点沿着 CC 向右方行进，产量和国民收入逐渐上升，随着经济的好转，P 上升越来越快，CC 的斜率也逐渐陡峭，一直到代表充分就业的 E 点。这时，由于充分就业并不意味着整个社会的全部资源和有劳动能力的人口均已就业，所以仍然存在着难以利用的资源和能力较差的劳动者，因此，在 E 点之后，如果产量还要增加，那么，P 的上升还要加快，因而 CC 的斜率将明显加大。总之，在位于 E 点左方的 CE 线段，离开 E 点的距离越远，曲线的斜率越小，而在处于 E 点右方的 EC 线段，离开 E 点距离越大，曲线的斜率越大。

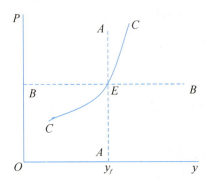

图 4-9　常规总供给曲线（非线性的）

3. 短期总供给曲线的移动

（1）可得到的劳动量增加使短期总供给曲线向右移；反之，则向左移。

（2）物质资本或人力资本增加使短期总供给曲线向右移；反之，则向左移。

（3）自然资源可获得性的增加使短期总供给曲线向右移；反之，则向左移。

（4）技术知识进步使短期总供给曲线向右移；反之，可得到的技术减少使短期总供给曲线向左移。

（5）预期价格水平上升一般会减少产品与劳务的供给量，并使短期总供给曲线向左移；反之，则向右移。

（6）投入品（如石油）价格上升，则使短期总供给曲线向左移；反之，则向右移。

（7）名义工资增加，则使短期总供给曲线向左移；反之，则向右移。

4. 模型的结构和应用

（1）模型的结构。

将 AD 曲线和 AS 曲线结合在一个坐标系中，即构成了宏观经济学的 AD-AS 模型。总需求曲线（AD）与短期总供给曲线（SRAS）的交点意味着经济处于短期均衡状态，总需求曲线（AD）与长期总供给曲线（LRAS）的交点意味着经济处于长期均衡状态。现实经济中许多因素都会导致 AD 曲线和 AS 曲线移动，从而使两个交点经常偏离，即造成宏观经济波动。

（2）经济波动的解释。

从 AD-AS 模型的理论视角看，宏观经济短期波动有两个基本原因，即 AD 曲线移动和 AS 曲线移动。使 AD 曲线发生移动的事件被称为需求冲击，使 AS 曲线发生移动的事件被称为供给冲击。在忽略 LRAS 曲线的情况下，AD 曲线向左移动、AD 曲线向右移动和 AS 曲线向左移动可以分别对失业、通货膨胀和滞胀问题进行解释。

总需求曲线移动的后果可用图 4-10 加以说明：图中，E_0 点表示某一时期的充分就业点。当总需求减少时，AD 向左移动到 AD_1 位置，AD_1 和 AS 相较于 E_1 点。表明，经济社会处于萧条状态，其产量和价格分别为 y_1 和 P_1，二者均低于充分就业的数值。然而，AS 的形状表明，二者下降的比例并不相同。在小于充分就业的水平时，越是偏离充分就业，经济中过剩的生产能力就越来越多，价格下降的空间就越来越小，也就是说价格下降的比例要小于产量下降的比例。而在 E_0 点的右方，AD 向右移动的距离越大，价格上升的比例越高于产量上升的比例。

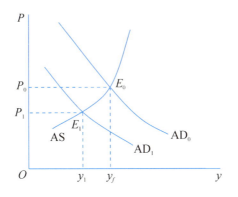

图 4-10　总需求曲线移动的后果

总供给曲线移动的后果如图 4-11 所示。AS 向左移动，表示滞胀的状态，即表示失业和通货膨胀并存，见图 4-11 中的 E_1 点。AS 向左偏离的程度越大，失业和通货膨胀也都越严重。AS 曲线向右移动时，产量增加，而价格水平则会下降。然而，AS 在短期内向右移动是非常少见的。

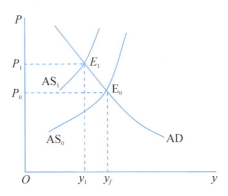

图 4-11　总供给曲线移动的后果

一般地，利用 AD-AS 模型分析宏观经济波动可遵循四个步骤：

第一，确定现实中发生的某个事件（冲击）是使 AD 曲线移动，还是使 AS 曲线移动，或使两条曲线同时移动。

第二，确定相关曲线移动的方向。

第三，用 AD-AS 模型说明这种移动如何影响短期的总产量和价格水平。

第四，用 AD-AS 模型分析经济如何从其新的短期均衡变动到长期均衡。

（3）模型的政策含义。

在短期总供给曲线不变的条件下，当经济进入衰退时，政府支出增加或货币供给增加都会使总需求曲线向右移动，从而改变经济的均衡状态，进而产生调控经济的效果，这意味着，政府可以运用财政政策和货币政策影响宏观经济。

AD-AS 模型不仅能够解释旨在移动总需求曲线的财政政策和货币政策，而且能够在一定程度解释旨在影响和移动总供给曲线的所谓供给管理政策。当经济的产量水平低于潜在产量时，经济处于衰退状态。这时如果政府能够运用一些手段，使得经济的总供给曲线向右移动，使经济回到潜在产量水平，则意味着经济已摆脱衰退状态。

5. 考虑时间因素的 AD-AS 模型

把时间因素加入静态的 AD-AS 模型，就是引入下面的条件：①经济的潜在产量随时间的推移不断增长，这使得经济的长期总供给曲线向右移动；②在大部分年份里，经济的总需求曲线向右移动；③除了工人和企业预期高价格水平的时期外，经济的短期总供给曲线都向右移动。

如图 4-12 中，A 点为起始点，且是 AD_1、$SRAS_1$ 和 $LRAS_1$ 三线的交点。由于 A 点在 $LRAS_1$ 上，经济处于长期均衡（和短期均衡）。随着时间的推移，潜在产量增加，经济的长期总供给曲线由 $LRAS_1$ 向右移动到 $LRAS_2$。同时，经济的短期总供给曲线也从 $SRAS_1$ 向右移动到 $SRAS_2$。最后，随着时间的推移，经济的总需求曲线从 AD_1 右移至 AD_2。新的均衡点在 B 点，即 AD_2 和 $SRAS_2$ 的交点，它们位于 $LRAS_2$ 上。在新均衡处，价格水平保持在 P_0 处，实际产量增长到 y_f'，此时不存在通货膨胀，但是这种情况不是常态。

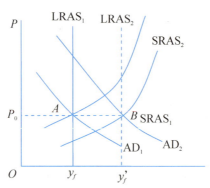

图 4-12　扩展的 AD-AS 模型

三、本章复习与思考题答案

1. 总需求曲线的理论来源是什么？为什么在 IS-LM 模型中，由 P（价格）自由变动，即可得到总需求曲线？

答：（1）总需求是经济社会对产品和劳务的需求总量，这一需求总量通常以产出水平来表示。一个经济社会的总需求包括消费需求、投资需求、政府购买和国外需求。总需求量受多种因素的影响，其中价格水平是一个重要的因素。在宏观经济学中，为了说明价格水平对总需求量的影响，引入了总需求曲线的概念，即总需求量与价格水平之间关系的几何表示。在凯恩斯主义的总需求理论中，总需求曲线的理论来源主要由产品市场均衡理论和货币市场均衡理论来反映。

（2）在 IS-LM 模型中，一般价格水平被假定为一个常数（参数）。在价格水平固定不变且货币供给为已知的情况下，IS 曲线和 LM 曲线的交点决定均衡的收入（产量）水平。现用图 4-13 来说明怎样根据 IS-LM 图形来推导总需求曲线。

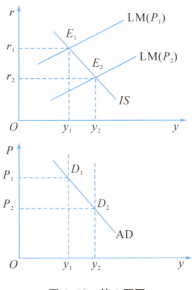

图 4-13　第 1 题图

图 4-13 分上下两个部分。上图为 IS-LM 图。下图表示价格水平和需求总量之间的关系，即总需求曲线。当价格 P 的数值为 P_1 时，此时的 LM 曲线 LM（P_1）与 IS 曲线相交于 E_1 点，E_1 点所表示的国民收入和利率分别为 y_1 和 r_1。将 P_1 和 y_1 标在下图中便得到总需求曲线上的一点 D_1。

现在假设 P 由 P_1 下降到 P_2。由于 P 的下降，LM 曲线移动到 LM（P_2）的位置，它与 IS 曲线的交点为 E_2 点。E_2 点所表示的国民收入和利率分别为 y_2 和 r_2。对应于上图中的点 E_2，又可在下图中找到 D_2 点。按照同样的程序，随着 P 的变化，LM 曲线和 IS 曲线可以有许多交点，每一个交点都代表着一个特定的 y 和 P。于是就有许多 P 与 y 的组合，从而构成了下图中一系列的点。把这些点连在一起所得到的曲线 AD 便是总需求曲线。

从以上关于总需求曲线的推导中可以看到，总需求曲线表示社会的需求总量和价格水平之间的反向关系。即总需求曲线是向右下方倾斜的。向右下方倾斜的总需求曲线表示，价格水平越高，需求总量越小；价格水平越低，需求总量越大。

2. 为什么进行宏观调控的财政政策和货币政策一般被称为需求管理的政策？

答：财政政策是指政府变动税收和支出，以便影响总需求，进而影响就业和国民收入的政策。货币政策是指货币当局即中央银行通过银行体系变动货币供应量来调节总需求的政策。无论是财政政策还是货币政策，都是通过影响利率、消费和投资进而影响总需求，使就业和国民收入得到调节的。财政政策和货币政策通过对总需求的调节来调控宏观经济，所以被称为需求管理政策。

3. 总供给曲线的理论来源是什么？

答：总供给曲线描述国民收入与一般价格水平之间的依存关系。由生产函数和劳动力市场的均衡可推导出总供给曲线。资本存量一定时，国民收入水平随就业量的增加而增加，就业量取决于劳动力市场的均衡。所以总供给曲线的理论来源于生产函数和劳动力市场均衡的理论。

4. 为什么总供给曲线可以被区分为古典、凯恩斯和常规这三种类型？

答：总供给曲线的理论主要由总量生产函数和劳动力市场理论来反映。在劳动力市场理论中，经济学家对工资和价格的变化及调整速度的看法是有分歧的。

古典总供给理论认为，劳动力市场的运行没有阻力，在工资和价格可以灵活变动的情况下，劳动力市场能够得以出清，这使经济的就业总能维持充分就业状态，从而在其他因素不变的情况下，经济的产量总能保持在充分就业的产量或潜在产量水平上。因此，在以价格为纵坐标、总产量为横坐标的坐标系中，古典总供给曲线是一条位于充分就业产量水平的垂直线。

凯恩斯的总供给理论认为，在短期，部分价格是有黏性的，因而市场不能根据需求的变动而立即调整总供给。由于工资和价格黏性，短期总供给曲线不是垂直的。凯恩斯总供给曲线在以价格为纵坐标、总产量为横坐标的坐标系中是一条水平线，表明经济中的厂商在现有价格水平上，愿意供给所需的任何数量的商品。凯恩斯总供给曲线的基础思想是，作为工资和价格黏性的结果，劳动力市场不能总维持在充分就业状态，由于存在失业，厂商可以在现行工资下获得所需的劳动，因而他们的平均生产成本被认为是不随产出水平的变化而变化的。

一些经济学家认为，古典总供给曲线和凯恩斯总供给曲线分别代表着关于劳动力市场的两种极端的说法。在现实中，工资和价格的调整经常介于两者之间。在这种情况下，在以价格为纵坐标、总产量为横坐标的坐标系中，总供给曲线是向右上方延伸的，这即为常规的总供给曲线。

因而，针对总量劳动市场关于工资和价格的不同假定，宏观经济学中存在着三种类型的总供给曲线。

5. 用总需求和总供给曲线的互动，说明宏观经济中的萧条、高涨（或过热）和滞胀的状态。

答：宏观经济学用总需求−总供给模型对经济中的萧条、高涨和滞胀状态的说明，主要是通过说明短期的收入和价格水平的决定来完成的。具体如图 4−14 所示。

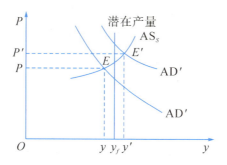

图 4-14 萧条状态与高涨状态的说明

从图 4-14 可以看到，短期的收入和价格水平的决定有两种情况。

第一种情况是，AD 是总需求曲线，AS_s 是短期总供给曲线，总需求曲线和短期总供给曲线的交点 E 决定的产量或收入为 y，价格水平为 P，二者都处于很低的水平。第一种情况表示经济处于萧条状态。

第二种情况是，当总需求增加，总需求曲线从 AD 向右移动到 AD′ 时，短期总供给曲线 AS_s 和新的总需求曲线 AD′ 的交点 E' 决定的产量或收入为 y'，价格水平为 P'，二者都处于很高的水平。第二种情况表示经济处于高涨状态。

现在假定短期总供给曲线由于供给冲击（如石油价格和工资等提高）而向左移动，但总需求曲线不发生变化。在这种情况下，短期收入和价格水平的决定可以用图 4-15 表示。

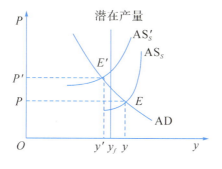

图 4-15 滞胀状态的说明

在图 4-15 中，AD 是总需求曲线，AS_S 是短期总供给曲线，两者的交点 E 决定的产量或收入为 y，价格水平为 P。现在由于出现供给冲击，短期总供给曲线向左移动到 AS'_S，总需求曲线和新的短期总供给曲线的交点 E' 决定的产量或收入为 y'，价格水平为 P'，这个产量低于原来的产量，而价格水平却高于原来的价格水平，这种情况表示经济处于滞胀状态，即经济停滞和通货膨胀结合在一起的状态。

6. 对微观经济学的供求模型和宏观经济中的 AD-AS 模型加以比较，并说明二者的异同。

答：二者在形式上有一定的相似之处。微观经济学的供求模型主要说明单个商品的价格和数量的决定。宏观经济中的 AD-AS 模型主要说明总体经济的价格水平和国民收入的决定。二者在图形上都用两条曲线来表示，在以价格为纵坐标、数量（产出）为横坐标的坐标系中，向右下方倾斜的为需求曲线，向右上方延伸的为供给曲线。

但二者在内容上有很大的不同：其一，两模型涉及的对象不同。微观经济学的供求模型描述的是微观领域的事物，而宏观经济学中的 AD-AS 模型描述的是宏观经济领域的事物。其二，各自的理论基础不同。微观经济学的供求模型中的需求曲线的理论基础是消费者行为理论，而供给曲线的理论基础主要是成本理论和市场理论，它们均属于微观经济学的内容。宏观经济学中的总需求曲线的理论基础主要是产品市场均衡理论和货币市场均衡理论，而总供给曲线的理论基础主要是劳动市场理论和总量生产函数，它们均属于宏观经济学的内容。其三，各自的功能不同。微观经济学中的供求模型在用来说明商品价格和数量决定的同时，还可用来说明需求曲线和供给曲线移动对价格和商品数量的影响，充其量这一模型只解释微观市场的一些现象和结果。宏观经济学中的 AD-AS 模型在说明价格和产出决定的同时，不仅可以用来解释宏观经济的波动现象，而且可以用来说明政府运用宏观经济政策干预经济的结果。

7. 设总供给函数为 $y_S = 2\,000 + P$，总需求函数为 $y_D = 2\,400 - P$：

（1）求供求均衡点。

（2）如果总需求曲线向左（平行）移动 10%，求新的均衡点并把该点与（1）的结果相比较。

（3）如果总需求曲线向右（平行）移动 10%，求新的均衡点并把该点与（1）的结果相比较。

（4）如果总供给曲线向左（平行）移动 10%，求新的均衡点并把该点与（1）的结果相比较。

（5）本题的总供给曲线具有何种形状？属于何种类型？

答：（1）由 $y_S = y_D$，得

$2\,000 + P = 2\,400 - P$

于是 $P = 200$，$y_D = y_S = 2\,200$，即得供求均衡点。

（2）向左平移10%后的总需求方程为

$y_D = 2\ 160 - P$

于是，由 $y_S = y_D$ 有

$2\ 000 + P = 2\ 160 - P$

则 $P = 80$，$y_S = y_D = 2\ 080$。

与（1）相比，新的均衡表现出经济处于萧条状态。

（3）向右平移10%后的总需求方程为

$y_D = 2\ 640 - P$

于是，由 $y_S = y_D$ 有

$2\ 000 + P = 2\ 640 - P$

则 $P = 320$，$y_S = y_D = 2\ 320$。

与（1）相比，新的均衡表现出经济处于高涨状态。

（4）向左平移10%的总供给方程为

$y_S = 1\ 800 + P$

于是，由 $y_S = y_D$ 有

$1\ 800 + P = 2\ 400 - P$

则 $P = 300$，$y_S = y_D = 2\ 100$。

与（1）相比，新的均衡表现出经济处于滞胀状态。

（5）总供给曲线是向右上方倾斜的直线，属于常规型。

8. 导致总需求曲线和总供给曲线变动的因素主要有哪些？

答：导致总需求曲线变动的因素主要有：

（1）家庭消费需求的变化。

（2）企业投资需求的变化。

（3）政府购买和税收的变化。

（4）净出口的变化。

（5）货币供给的变化。

导致总供给曲线变动的因素主要有：

（1）自然灾害和战争。

（2）技术变化。

（3）进口商品价格的变化。

（4）工资水平的变化。

（5）对价格水平的预期。

9. 设三部门经济中，消费函数为 $C = 200 + 0.75Y$，投资函数为 $I = 200 - 25r$，货币需求函数为 $L = Y - 100r$，名义货币供给是 1 000，政府购买 $G = 50$，求该经济的总需求函数。

答：收入恒等式为 $Y=C+I+G$，将消费函数、投资函数和政府购买代入其中，得 $Y=200+0.75Y+200-25r+50$，化简后，得

$$Y=1\,800-100r \tag{1}$$

式（1）即为该经济的 IS 曲线方程。

货币市场均衡条件为 $M/P=L$，将货币需求关系式和货币供给数量代入其中，有 $\dfrac{1\,000}{P}=Y-100r$，其中 P 为经济中的价格水平

上式简化为

$$Y=100r+\frac{1\,000}{P} \tag{2}$$

式（2）即为该经济的 LM 曲线方程。

为求该经济的总需求曲线方程，将式（1）、式（2）联立，并消去变量 r，得到：

$$Y=900+\frac{500}{P}$$

上式即为该经济的总需求曲线。

四、本章课后辅导题

（一）名词解释

1. 总需求　2. 总供给　3. 利率效应　4. 实际余额效应　5. 总供给函数

6. 需求冲击　7. 供给冲击　8. 滞胀

（二）单项选择题

1. 总需求曲线向右下方倾斜是因为（　　）。

　　A. 价格水平上升时，投资会减少

　　B. 价格水平上升时，消费会增加

　　C. 价格水平上升时，净出口会增加

　　D. 以上几个因素都是

2. 价格水平上升时，会（　　）。

　　A. 减少实际货币供给并使 LM 曲线向左移动

　　B. 减少实际货币供给并使 LM 曲线向右移动

　　C. 增加实际货币供给并使 LM 曲线向左移动

　　D. 增加实际货币供给并使 LM 曲线向右移动

3. 紧缩性的财政政策会使总需求曲线（　　）。

　　A. 向右移动

　　B. 向左移动

C. 不变

D. 以上都不对

4. 下列选项中，（   ）不属于总需求。

    A. 消费

    B. 投资

    C. 净出口

    D. 税收

5. 当（   ）时，总需求曲线较陡峭。

    A. 支出乘数较小

    B. 货币供应量较大

    C. 货币需求对利率变化不敏感

    D. 私人部门支出对利率不敏感

6. 凯恩斯主义的总供给曲线的斜率（   ）。

    A. 为正数

    B. 为负数

    C. 0

    D. ∞

7. 宏观经济学的短期目标是（   ）。

    A. 经济增长

    B. 物价稳定

    C. 国际收支平衡

    D. 以上答案都对

8. 价格水平上升，会导致（   ）。

    A. 投资增加

    B. 消费减少

    C. 总需求增加

    D. 名义收入减少

9. 其他条件不变的情况下，（   ）会引起总需求曲线向右移动。

    A. 物价水平不变时利率上升

    B. 货币供给量增加

    C. 税收增加

    D. 物价水平下降

10. 在古典总供给曲线中，减税将（   ）。

    A. 提高价格水平和产量

    B. 提高实际产出但不影响价格水平

C. 提高价格水平但不影响产出

D. 对价格水平和产出均无影响

11. 西方古典学派认为，在长期中，若增加 20% 的名义货币供给，则（　　）。

A. 利率提高

B. 增加名义工资 20%

C. 增加实际货币供给 20%

D. 增加名义工资 10%

12. 在（　　）的情况下，凯恩斯总供给曲线存在。

A. 劳动力市场的均衡不受劳动力供给曲线移动的影响

B. 产量的增加使得价格上升

C. 国民收入的增加使得货币工资增加

D. 产量的增加对价格和货币工资没有影响

13. 在古典总供给曲线中，增加政府支出，可能会（　　）。

A. 利率水平上升，实际货币供给增加

B. 利率水平下降，实际货币供给不变

C. 产量增加，价格增加

D. 物价上涨，产量不变

14. 在常规总供给曲线中（　　）。

A. 斜率越大，要素价格相对于产品价格调整速度越快

B. 斜率越大，要素价格相对于产品价格调整速度越慢

C. 斜率越小，要素价格相对于产品价格调整速度越快

D. 以上都是错的

15. 下列（　　）不属于充分就业的状态。

A. 摩擦失业

B. 自愿失业

C. 劳动供求与实际工资相等

D. 以上都不对

16. 在常规情况下，要素价格的上升会使总供给曲线（　　）。

A. 向左移动，价格水平上升

B. 向左移动，价格水平下降

C. 向右移动，价格水平上升

D. 不确定向哪个方向移动

17. 在常规情况下，总需求曲线向右移动会增加（　　）。

A. 实际产出、就业量和价格水平

B. 实际工资、就业量和实际产出

C. 劳动生产率和实际产出

D. 劳动力需求、就业量和实际工资

18. 在常规情况下，总供给曲线向左移动会导致（   ）。

    A. 产量增加，价格水平增加

    B. 产量减少，价格水平减少

    C. 产量增加，价格水平不变

    D. 滞胀

19. 总供给曲线右移可能是因为（   ）。

    A. 其他情况不变，劳动生产率下降

    B. 其他情况不变，要素价格上涨

    C. 其他情况不变，所得税增加了

    D. 其他情况不变，劳动需求增加

20. 实际余额效应表现为（   ）。

    A. 价格水平上升，实际收入增加

    B. 价格水平上升，实际收入减少

    C. 价格水平上升，税负增加

    D. 价格水平上升，所持有货币实际价值降低

21. 当（   ）时，总需求曲线更平缓。

    A. 投资支出对利率较敏感

    B. 货币需求对利率较敏感

    C. 支出乘数较小

    D. 货币供应量较大

22. 假定经济处于低于充分就业均衡水平，总需求增加就会引起（   ）。

    A. 物价水平上升，实际产出增加

    B. 物价水平上升，实际产出减少

    C. 物价水平下降，实际产出增加

    D. 物价水平下降，实际产出减少

23. 当总供给曲线斜率为正，单位原材料的实际成本增加时，总供给曲线会（   ）。

    A. 向左移，物价水平下降，实际产出增加

    B. 向左移，物价水平上升，实际产出减少

    C. 向右移，物价水平下降，实际产出增加

    D. 向右移，物价水平上升，实际产出减少

24. 以下关于总需求-总供给模型的表述正确的是（   ）。

    A. 凯恩斯总需求-总供给模型的供给曲线呈水平形状

B. 凯恩斯总需求-总供给模型中，总产量的水平主要由总需求决定

C. 古典总需求-总供给模型的总供给曲线呈垂直形状

D. 以上三种表述均正确

25. 影响总供给变动的因素不包括（　　　）。

A. 利率的变化

B. 生产率的变化

C. 资本存量的变化

D. 劳动供给的变化

（三）判断题

1. 如果劳动力需求立即对价格水平的变化作出调整，但劳动力供给却不受影响，则总供给与价格水平正相关。　　　　　　　　　　　　　　　　　　　　　　（　　　）

2. 西方古典学派认为，在长期中，名义货币供给增加不影响实际货币供给。

（　　　）

3. 任何情况下，增加需求的政策都会使产量增加。　　　　　　　　（　　　）

4. 通常情况下，增加政府支出会提高产出和价格水平。　　　　　　（　　　）

5. 在既定的劳动需求函数中，产品价格上升时，劳动需求增加。　（　　　）

6. 在常规总需求-总供给模型中，减税不会使价格水平下降，也不会影响实际产出。

（　　　）

7. 在凯恩斯总供给曲线下，政策无效。　　　　　　　　　　　　　（　　　）

8. 促使短期总供给曲线向右上方延伸的一个重要因素是投入要素价格的黏性。

（　　　）

9. 常规总供给曲线越接近古典总供给曲线，工资调节速度越慢。　（　　　）

10. 其他条件不变时，货币供应量的增加会使 AS 曲线向右上方移动。（　　　）

（四）简答题

1. 比较 IS-LM 模型和 AD-AS 模型。

2. 简述价格水平变化对总需求水平的影响。

3. 决定总需求曲线斜率的主要因素有哪些？

4. 试比较总需求曲线和单个商品的需求曲线。

5. 分析宏观均衡的条件。

（五）计算题

1. 设两部门经济中：消费函数 $C=80+0.8Y$，投资函数 $I=150-5r$，货币需求函数为 $L=0.2Y-5r$，设 P 为价格水平，货币供给 $M=150$，求总需求函数。

2. 名义货币供给为 200 元，价格水平为 1，实际货币需求函数为 $0.2y-5r$，求货币市场均衡的 LM 方程。

3. 如果总供给函数为 $y_s=500+10P$，总需求函数为 $y_d=800-50P$。

（1）求供求均衡点。

（2）如果总需求上升5%，求新的均衡点。

4. 某宏观经济中的总量生产函数 $Y=K^{\alpha}L^{\beta}$，$\alpha+\beta=1$，K 和 L 为生产要素，它们的价格分别为 C 和 W，Y 的价格为 P。根据以上条件试求劳动需求函数和总供给函数。

5. 假设某经济存在以下关系：$C=800+0.8Y_d$，税收 $T=0.25Y$，投资 $I=200-50r$，政府购买 $G=200$，货币需求 $(M/P)^d=0.4Y-100r$，货币供给 $M^s=900$，总供给函数 $Y=2\ 350+400P$，试求：

（1）总需求函数。

（2）总供给和总需求均衡时的收入和价格水平。

（3）假定经济在充分就业时的收入为 2 850，问：该经济是否实现充分就业？此时中央政府应采取什么政策，以实现宏观经济的目标？

（六）论述题

分析说明总需求曲线移动的后果和总供给曲线移动的后果。

五、本章课后辅导题答案及分析

（一）名词解释

1. 总需求是经济社会对产品和劳务的需求总量，这一需求总量通常以产出水平来表示。总需求由消费需求、投资需求、政府需求和国外需求构成。

2. 总供给是经济社会所提供的总产量（或国民收入），即经济社会投入的基本资源所生产的产量。基本资源主要包括劳动、生产性资本存量和技术。

3. 在宏观经济学中，将价格水平变动引起利率同方向变动，进而使投资和产出水平反方向变动的情况，称为利率效应。

4. 实际余额效应是指，当价格水平上升，人们所持有的货币及其他以货币衡量的具有固定价值的资产的实际价值降低，人们变得相对贫困，于是消费水平也就相应地减少。

5. 总供给函数是指总产量与一般价格水平之间的关系。

6. 需求冲击是指使总需求曲线发生移动的事件。

7. 供给冲击是指使总供给曲线发生移动的事件。

8. 滞胀是经济停滞（产出下降，失业增加）与通货膨胀（价格水平上升）的结合。

（二）单项选择题

1. A。因为价格水平上升时，消费和进出口都会减少。

2. A。价格水平上升会造成实际货币供给的减少，同时 LM 曲线向左移动。

3. B。政府支出的减少意味着总需求的减少。

4. D。税收不属于总需求，是收入转移的一种形式。

5. B。需求曲线陡峭说明要下降较多的价格才能实现相同的产出变动，即 IS 曲线越陡峭或 LM 曲线越平坦，总需求曲线越陡峭。

6. C。凯恩斯总供给曲线为一条水平线。

7. B。宏观经济学的短期目标是充分就业和物价稳定。

8. B。价格水平上升，会导致总需求减少，投资减少，消费减少，名义收入增加。

9. B。货币供给量增加属于扩张性货币政策，将使总需求曲线向右移动。

10. C。古典总供给曲线是位于充分就业水平上的垂直线。

11. B。古典学派认为价格和货币工资具有伸缩性，可迅速自行调节，似的实际工资总是处于充分就业的水平上。

12. D。凯恩斯总供给曲线的假设条件是货币工资的"刚性"。

13. D。古典总供给曲线中，若政府支出增加，则实际货币供给减少，且产量不变，价格上升。

14. A。斜率越大，常规总供给曲线越接近古典总供给曲线。

15. D。劳动供求与实际工资相等是处于充分就业的状态。

16. A。常规情况下，总供给曲线斜率为正，要素价格上涨，会使价格水平上升，总供给曲线向左移动。

17. A。常规下总供给曲线斜率为正，需求曲线向右移动会导致实际产出、就业量和价格水平增加。

18. D。总供给曲线向左移动会导致产量减少，价格水平上升，即为滞胀。

19. D。A、B 和 C 都会是总供给曲线向左移动。

20. D。实际余额效应表现为：价格水平上升，人们所持有的货币及其他以货币衡量的具有固定价值的资产实际价值降低。

21. A。总需求曲线越平缓说明只需下降较少的价格就能实现相同的产出变动，即 IS 曲线越平缓或 LM 曲线越陡峭，则总需求曲线越平缓。

22. A。当经济未实现充分就业时，总需求增加会使总需求曲线向右移动，物价水平上升，同时使实际产出增加。

23. B。企业生产成本增加时，在原有价格水平下社会的总供给减少，总供给曲线向左移，导致物价水平上升，实际产出减少。

24. D。根据凯恩斯总供给曲线和古典总供给曲线的形状即可判断。

25. A。利率的变化是影响总需求变动的因素。

(三) 判断题

1. 对。

2. 对。

3. 错。古典总供给曲线下，政策具有无效性。

4. 对。

5. 对。

6. 错。在常规总需求-总供给模型中，减税使价格水平上升，实际产出增加。

7. 错。在古典总供给曲线下，政策无效。

8. 对。

9. 错。越接近古典总供给曲线，工资调整速度越快。

10. 错。其他条件不变时，货币供应量的增加会使 AD 曲线向右上方移动。

（四）简答题

1. 答：AD-AS 模型与 IS-LM 模型都是建立在产品市场与货币市场均衡的基础上，都是讨论财政政策与货币政策对经济的影响。但前者可以说明价格水平变化对产出的影响。

2. 答：第一，利率效应。价格上升使货币需求增加，进而利率上升，利率上升导致投资水平下降，因而总支出水平和收入水平下降。第二，实际余额效应。价格上升使人们所持有的货币及其他以货币衡量的具有固定价值的资产的实际价值降低。第三，价格水平上升，使人们的名义收入增加，税负增加，可支配收入下降，进而使降低消费。

3. 答：（1）LM 曲线的斜率和 IS 曲线的斜率。（2）若 IS 曲线不变，LM 曲线越陡峭，对收入的影响越大，从而 AD 越平缓；相反，若 LM 曲线不变，IS 曲线越平缓，对收入的影响越大，AD 越平缓。

4. 答：总需求曲线受价格总水平的影响，单个商品的需求曲线受单个商品价格的影响。二者虽都受价格的影响，但是对总需求曲线解释，需从利息率的变化入手，对单个商品的需求曲线的解释则是从替代效应和收入效应的影响开始。

5. 答：宏观经济均衡是指一国经济的总供给和总需求相等，从而实现了均衡的这样一个状态。宏观经济均衡包括产品和货币市场的均衡以及劳动市场的均衡。

宏观经济均衡的条件是总供给与总需求相等，或总储蓄等于总投资。

当 $S>I$ 时，即 AS>AD 时，生产过剩，供过于求，会导致存货上升，价格下降，利润减少，企业缩减生产，解雇工人，这一过程表现为经济衰退和失业增加的过程。

当 $S<I$ 时，即 AS<AD 时，生产不足，存货下降，会导致价格上涨，利润增加，此时企业扩大生产，雇佣工人，表现为经济扩张过程。

（五）计算题

1. 解：IS 曲线：$150-5r=0.2Y-80$。LM 曲线：$\dfrac{150}{P}=0.2Y-5r$。

则 AD：$Y=575+\dfrac{375}{P}$。

2. 解：当实际货币需求等于实际货币供给时，货币市场达到均衡，则：

$$\frac{M}{P} = 0.2y - 5r。$$

即：$y = 1\,000 + 25r。$

3. 解：（1）由 $y_d = y_s$ 可知，$500 + 10P = 800 - 50P$，则有 $y = 550$，$P = 5$

（2）总需求上升 5% 时，$y_d = （800 - 50P） \times （1 + 5\%） = 840 - 52.5P$，则：

$y = 554.4$，$P = 5.44$

4. 解：利润函数为

$$\pi = PY - WL - CK$$

对上式求导，使得 $\dfrac{\mathrm{d}\pi}{\mathrm{d}L} = 0$，即有

$$L = K\beta^{1/\alpha}（W/P）^{-1/\alpha}$$

将劳动需求函数代入总量生产函数可得总供给函数：

$$Y = K\beta^{\beta/\alpha}（W/P）^{-\beta/\alpha}$$

5. 解：（1）产品市场均衡条件：$Y = 800 + 0.8 \times （Y - 0.25Y） + 200 - 50r + 200$，货币市场均衡条件：$0.4Y - 100r = 900/P$。整理以上两个式子，有总需求函数：

$Y = 2\,000 + 750/P$

（2）将总需求函数与总供给函数联立，有：$2\,000 + 750/P = 2\,350 + 400P$，可得供求均衡时的收入和价格：$Y = 2\,750$，$P = 1$。

（3）若假定经济在充分就业时的收入为 2 850，其大于 2 750，则此时经济尚未实现充分就业，政府可采取扩张性财政政策或扩张性货币政策刺激总需求，使经济实现充分就业。

根据总供给函数，若实现充分就业使均衡收入 $Y = 2\,850$，则价格水平 P 应为

（2 850 - 2 350）/400 = 1.25

假设政府购买为 G，货币供应量为 M，则根据产品市场均衡条件，IS 方程为

$Y = 2\,500 - 125r + 2.5G$

根据货币市场均衡条件，LM 方程为：$Y = 2.5M/P + 250r$。

将两方程联立求得总需求函数为：$Y = 5\,000/3 + 5G/3 + 2.5M/3P$。因此：

①假设 M 不变，政府仅采取增加政府支出的扩张性财政政策来实现充分就业，即 $Y = 2\,850$，$P = 1.25$，则代入上式得到增加后的政府购买：$G = 350$，$\Delta G = 350 - 200 = 150$。

②假设 G 不变，政府仅采取增加货币供应量的扩张性货币政策来实现充分就业，即 $Y = 2\,850$，$P = 1.25$，则代入上式得到增加后的货币供应量：$M = 1\,275$，$\Delta M = 1\,275 - 900 = 375$。

（六）论述题

答：总需求曲线移动的后果如图 4-16 所示。图中，E_0 点表示某一时期的充分就业点。当总需求减少时，AD 向左移动到 AD_1 位置，这样，AD_1 和 AS 相交于 E_1 点。表明，经济社会处于萧条状态，其产量和价格分别为 y_1 和 P_1，二者均低于充分就业的数值。

然而，AS 的形状表明，二者下降的比例并不相同。在小于充分就业的水平时，越是偏离充分就业，经济中过剩的生产能力就越来越多，价格下降的空间就越来越小，也就是说价格下降的比例要小于产量下降的比例。而在 E_0 点的右方，AD 向右移动的距离越大，价格上升的比例越要高于产量上升的比例。

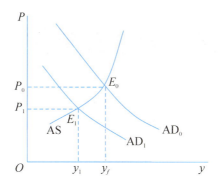

图 4-16　总需求曲线移动的后果

总供给曲线移动的后果如图 4-17 所示。AS 向左移动，表示滞胀的状态，即表示失业和通货膨胀并存，见图中的 E_1 点。AS 向左偏离的程度越大，失业和通货膨胀也都会越严重。AS 曲线向右移动时，产量增加，而价格水平则会下降。然而，AS 在短期内向右移动是非常少见的。

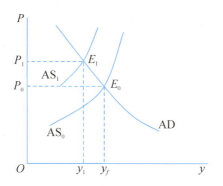

图 4-17　总供给曲线移动的后果

第五章

失业与通货膨胀

一、本章知识鸟瞰图

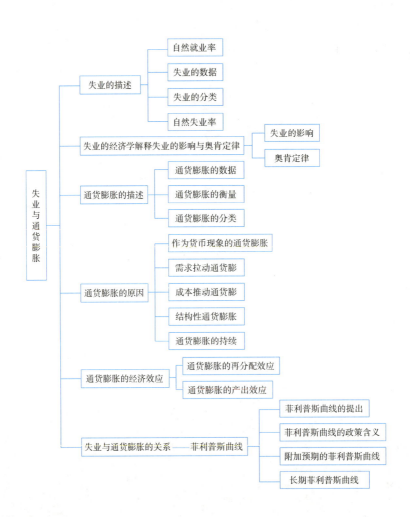

二、本章重点与难点

（一）失业的描述

1. 失业及相关概念

失业是指劳动力达到就业年龄、具备工作能力，谋求工作但未得到就业机会的状态。

失业率是指劳动力中没有工作而又在寻找工作的人所占的比例，即失业者人数对劳动力人数的比率。

自然失业率是指在没有货币因素干扰的情况下，劳动市场处于供求稳定状态时的失业率。这种稳定状态被认为既不会造成通货膨胀也不会造成通货紧缩。

自然失业率的估算公式：

$$U/N = \frac{l}{l+f}$$

公式含义：自然失业率取决于离职率 l 和就职率 f。离职率越高，自然失业率越高；就职率越高，自然失业率越低。

2. 失业的分类

（1）摩擦性失业：在生产过程中由于难以避免的摩擦而造成的短期、局部性失业。

（2）结构性失业：劳动力的供给和需求不匹配所造成的失业，其特点是既有失业，又有职位空缺，失业者或者没有合适的技能，或者居住地点不当，因此无法填补现有的职位空缺。

（3）周期性失业：经济周期中的衰退或萧条阶段，因需求下降而造成的失业，这种失业是由整个经济的支出和产出下降造成的。

（4）自愿失业：工人不愿意接受现行工资水平而形成的失业。

（5）非自愿失业：愿意接受现行工资但仍找不到工作的失业。

（二）失业的经济学解释、失业的影响与奥肯定律

奥肯定律的概念：实际失业率每高于自然失业率 1 个百分点，实际 GDP 将低于潜在 GDP 两个百分点。

奥肯定律公式：

$$\frac{y-y_f}{y_f} = -\alpha\ (u-u^*)$$

式中，y 为实际产出；y_f 为潜在产出；u 为实际失业率；u^* 为自然失业率；α 为大于零的参数。

奥肯定律的意义和重要结论：揭示了产品市场和劳动市场之间极为重要的联系。实际 GDP 必须保持与潜在 GDP 同样快的增长，以防止失业率的上升。如果政府想让失业率下降，那么，该经济社会的实际 GDP 的增长必须快于潜在 GDP 的增长。

（三）通货膨胀的描述

1. 通货膨胀的概念

通货膨胀：一个经济中的大多数商品和劳务的价格持续在一段时间内普遍上涨的经济现象。

衡量通货膨胀的工具是价格指数，主要包括：

（1）消费物价指数（CPI）：表示在普通家庭的支出中，购买具有代表性的一组商品，现在要比过去多花费多少。

$$CPI = \frac{一组固定商品按当期价格计算的价值}{一组固定商品按基期价格计算的价值} \times 100$$

（2）生产者价格指数（PPI）：衡量生产原材料和中间投入品等价格平均水平的价格指数，是对给定的一组商品的成本的度量，也是经济周期指示性指标之一。

（3）GDP 折算指数。

通货膨胀率：从一个时期到另一个时期价格水平变动的百分比，公式为

$$\pi_t = \frac{P_t - P_{t-1}}{P_{t-1}}$$

2. 通货膨胀的分类

（1）按照价格上升的速度分类。

①温和的通货膨胀：指每年物价上升的比例在 10% 以内。

②奔腾的通货膨胀：指年通货膨胀率在 10% 以上且在 100% 以内。

③超级通货膨胀：指通货膨胀率在 100% 以上。此时经济处于失控状态，多见于战乱或大的政治动荡之后。

（2）按照对价格影响的差别分类。

平衡的通货膨胀：每种商品的价格都按相同比例上升。

非平衡的通货膨胀：各种商品价格上升的比例并不完全相同。

（3）按照人们的预期程度分类。

未预期到的通货膨胀：价格上升的速度超出人们的预料，或者人们根本没有想到价格会上涨。

预期到的通货膨胀：物价有规律的变动，又叫惯性的通货膨胀。

（四）通货膨胀的原因

1. 货币供给过量

基本观点：每次通货膨胀背后都有货币供给的迅速增长。货币供给的增加是通货

膨胀的基本原因。

交易与数量方程式：

$$MV = Py$$

根据这一方程式可导出通货膨胀率公式：

$$\pi = \frac{\mathrm{d}P}{P} = \frac{\mathrm{d}M}{M} - \frac{\mathrm{d}y}{y} + \frac{\mathrm{d}V}{V} = \hat{m} - \hat{y} + \hat{v}$$

即：

通货膨胀率＝货币增长率－产出增长率＋流通速度变化率

2. 需求拉动通货膨胀

需求拉动通货膨胀，又称超额需求通货膨胀，是指总需求超过总供给所引起的一般价格水平的持续显著的上涨。

具体表现：供给曲线既定，总需求受冲击不断右移。在凯恩斯区域，总需求增加导致产量增加，物价不变；到常规区域，由于存在供给瓶颈，总需求增加导致产量增加的同时，还会导致价格水平上涨；到古典区域时，达到充分就业，产量不增加，总需求扩张只会引起物价上涨，形成通货膨胀。

瓶颈现象：劳动、原材料、生产设备等的不足从而使成本提高，物价上涨的现象。这时的物价上涨称为瓶颈式通货膨胀。

3. 成本推动通货膨胀

成本推动通货膨胀：指在没有超额需求的情况下由于供给方面成本的提高所引起的一般价格水平持续和显著的上涨。

（1）工资推动通货膨胀：不完全竞争的劳动市场（工会组织）造成的过高工资所导致的一般价格水平的上涨。

工资-价格螺旋：工资提高引起价格上涨，价格上涨又引起工资提高，这样，工资提高和价格上涨形成了螺旋式的上升运动。

（2）利润推动通货膨胀：垄断企业和寡头企业利用市场势力牟取过高利润所导致的一般价格水平的上涨。

4. 结构性通货膨胀

结构性通货膨胀：由于经济结构因素的变动，出现一般价格水平的持续上涨。

具体表现：经济中存在两大部门（需求扩大部门和需求衰减部门；生产率提高较快部门和生产率提高较慢部门；新兴部门和衰落部门；开放部门和非开放部门），前一个部门预示着较好的经济前景，因而工资、物价会较快上升，但劳动力市场的特殊性要求两个部门的工资应以同一比例上升，因而后一个部门会向前一个部门看齐，结果引起通货膨胀。

（五）通货膨胀的经济效应

1. 再分配效应

（1）不利于固定收入者，利于变动收入者。

（2）不利于节俭储蓄者，利于实际财富持有者。

（3）利于债务人而不利于债权人。

（4）利于政府而不利于公众。

2. 产出效应

（1）温和的或爬行的需求拉动的通货膨胀对产出和就业有扩大效应。

（2）成本推动通货膨胀会使收入或产量减少，从而引起失业。

（3）超级通货膨胀导致经济崩溃。

（六）失业与通货膨胀的关系—菲利普斯曲线

1. 菲利普斯曲线

表示失业率和货币工资增长率之间替换关系的曲线。

曲线含义：当失业率较低时，货币工资增长率较高；当失业率较高时，货币工资率较低，甚至为负数。

2. 新古典综合派菲利普斯曲线（PC）

表示失业率和通货膨胀率之间替换关系的曲线。公式表示为：$\pi = -\varepsilon(u - u^*)$，$u^*$ 代表自然失业率，参数 ε 衡量价格对于失业率的反应程度。

曲线含义：失业率高，则通货膨胀率低；失业率低，则通货膨胀率高。

政策含义：政策制定者可以选择不同的失业率和通货膨胀率的组合；可以用一定的通货膨胀率的增加来换取一定的失业率的减少，或者，用后者的增加来减少前者。

3. 短期菲利普斯曲线

又称附加预期的菲利普斯曲线，指预期通货膨胀率保持不变时，表示通货膨胀率与失业率之间关系的曲线。公式表示为：$\pi = \pi^e - \varepsilon(u - u^*)$，$\pi^e$ 表示预期通货膨胀率。

短期菲利普斯曲线的性质：

（1）当实际通货膨胀等于预期通货膨胀时，失业处于自然失业率水平。因而可以定义自然失业率为非加速通货膨胀的失业率。

（2）在预期的通货膨胀率低于实际的通货膨胀率的短期中，失业率与通货膨胀率之间仍存在着替换关系。

政策含义：在短期中引起通货膨胀率上升的扩张性财政政策和货币政策是可以起到减少失业的作用的，即调节总需求的宏观经济政策在短期是有效的。

4. 长期菲利普斯曲线（LPC）

从长期来看，预期的通货膨胀率与实际通货膨胀率迟早会一致，经济社会的失业率将处在自然失业率水平，失业率与通货膨胀率之间不存在替换关系。长期菲利普斯曲线垂直于自然失业率水平。

政策含义：从长期来看，政府运用扩张性政策不但不能降低失业率，还会使通货膨胀率不断上升。

三、本章复习与思考题答案

1. 摩擦性失业与结构性失业相比，哪一种失业问题更严重些？

答：一般来说，结构性失业比摩擦性失业问题更严重。因为摩擦性失业是由于劳动力市场运行机制不完善或者经济变动过程中的工作转换而产生的失业。摩擦性失业的失业者都可以胜任可能获得的工作，所以增强失业服务机构的作用，增加就业信息，协助劳动者家庭搬家等都有助于减少摩擦性失业。而结构性失业是由经济结构变化、产业兴衰转移而造成的失业，是劳动力市场失衡造成的失业，一些部门需要劳动力，存在职位空缺，但失业者缺乏到这些部门和岗位就业的能力，而这种能力的培训需要一段较长的时间才能完成，所以结构性失业的问题更严重一些。

2. 能否说有劳动能力的人都有工作才是充分就业？

答：不能。充分就业并不意味着 100% 的就业，即使经济能够提供足够的职位空缺，失业率也不会等于零，经济中仍然会存在着摩擦性失业和结构性失业。凯恩斯认为，如果消除了"非自愿失业"，失业仅限于摩擦性失业和自愿失业的话，经济就实现了充分就业。所以充分就业不是指有劳动能力的人都有工作。

3. 什么是自然失业率？哪些因素会影响自然失业率？

答：自然失业率就是指在没有货币因素干扰的情况下，劳动力市场和商品市场自发供求力量发挥作用时应有的处于均衡状态的失业率，也就是充分就业情况下的失业率，通常包括摩擦性失业和结构性失业。生产力的发展、制度因素以及技术进步是决定自然失业率及引起自然失业率提高的重要因素。具体包括：①劳动者结构的变化。一般来说，青年与妇女的自然失业率高，这些人在劳动力总数中所占比例的上升会导致自然失业率上升。②政府政策的影响。如失业救济制度使一些人宁可失业也不从事工资低、条件差的职业，这就增加了自然失业中的"寻业的失业"；最低工资法使企业尽量少雇用人，尤其是技术水平差的工人，同时也加强了用机器取代工人的趋势。③技术进步因素。随着新技术、新设备的投入使用，劳动生产率不断提高，资本的技术构成不断提高，这必然要减少对劳动力的需求，出现较多失业；同时，技术进步使一些文化技术水平低的工人不能适应新的工作而被淘汰。④劳动市场的组织状况，如劳动力供求信息的完整与迅速性，职业介绍与指导的完善与否，都会影响到自然失业率的变化。⑤劳动市场或行业差别性的增大会提高自然失业率。厂商、行业和地区会兴起和衰落，而劳动者和厂商需要时间来与之适应与配合。这些无疑会引起劳动者的大量流动，增大结构性失业。

4. 说明短期菲利普斯曲线与长期菲利普斯曲线的关系。

答：货币主义者认为，在工资谈判中，工人们关心的是实际工资而不是货币工资。当通货膨胀率不太高、工人还没有形成新的通货膨胀预期的时候，失业与通货膨胀之间存在的替代关系就被称为短期的菲利普斯曲线。随着时间的推移，工人们发觉他们的实际工资随物价的上涨而下降，就会要求雇主相应地增加货币工资，以补偿通货膨胀给自己造成的损失。工人不断地形成新的通货膨胀预期，会使换取一定失业率的通货膨胀率越来越高，使菲利普斯曲线不断向右上方移动，最终演变成垂直的菲利普斯曲线，这就是长期的菲利普斯曲线。

长期的菲利普斯曲线是由短期的菲利普斯曲线不断运动形成的。

5. 通货膨胀的经济效应有哪些？

答：通货膨胀的经济效应主要包括再分配效应和产出效应。

通货膨胀的再分配效应表现为：其一，通货膨胀不利于靠固定的货币收入维持生活的人。对于固定收入阶层来说，其收入是固定的货币数额，落后于上升的物价水平。其实际收入因通货膨胀而减少，他们持有的每一单位收入的购买力将随价格水平的上升而下降。相反，那些靠变动收入维持生活的人则会从通货膨胀中得益。例如，那些从利润中得到收入的企业主能从通货膨胀中获利，如果其产品价格比资源价格上升得快，则企业的收益将比它的产品的成本增加得快。其二，通货膨胀可以在债务人和债权人之间发生收入再分配作用。一般地，通货膨胀靠牺牲债权人的利益而使债务人获利。

通货膨胀对产出的影响可以通过各种情况来说明，这里只说明两种主要的情况。

第一种情况：随着通货膨胀的出现，产出增加，即需求拉动的通货膨胀促进了产出水平的提高。许多经济学家长期以来坚持这样的看法，认为温和的或爬行的需求拉动型通货膨胀对产出和就业将有积极的扩大效应。假设：总需求增加、经济复苏，造成了一定程度的需求拉动的通货膨胀。在这种条件下，产品的价格会跑到工资和其他资源的价格的前面，由此扩大了企业的利润。利润的增加就会刺激企业扩大生产，从而产生减少失业、增加国民产出的效果。这种情况意味着通货膨胀的再分配后果会被因更多的就业、产出的增加而产生的收益所抵消。例如，对于一个失业工人来说，如果他唯有在通货膨胀条件之下才能得到就业机会，那么显然，他受益于通货膨胀。

第二种情况：成本推动通货膨胀引致失业。这里讲的是由通货膨胀引起的产出和就业的下降。假定在原总需求水平下，经济实现了充分就业和物价稳定。如果发生成本推动通货膨胀，则原来的总需求所能购买到的实际产品的数量将会减少。也就是说，当成本推动抬高物价水平时，既定的总需求只能在市场上支持一个较小的实际产出。所以，实际产出会下降，失业会上升。

6. 说明需求拉动的通货膨胀。

答：需求拉动的通货膨胀又称超额需求通货膨胀，是指总需求超过总供给所引起的一般价格水平的持续显著的上涨。这种通货膨胀被认为是"过多的货币追求过少的商品"。现用图 5-1 来说明需求拉动的通货膨胀。

图 5-1 中，横轴 y 表示总产量（国民收入），纵轴 P 表示一般价格水平。AD 为总需求曲线，AS 为总供给曲线。总供给曲线 AS 起初呈水平状。这表示，当总产量较低时，总需求的增加不会引起价格水平的上涨。在图 5-1 中，产量从零增加到 y_1，价格水平始终稳定。总需求曲线 AD_1 与总供给曲线 AS 的交点 E_1 决定的价格水平为 P_1，总产量水平为 y_1。当总产量达到 y_1 以后，继续增加总供给，就会遇到生产过程中所谓的瓶颈现象，即由于劳动、原料、生产设备等的不足从而使成本提高，进而引起价格水平的上涨。图 5-1 中总需求曲线 AD 继续提高时，总供给曲线 AS 便开始逐渐向右上方倾斜，价格水平逐渐上涨。总需求曲线 AD_2 与总供给曲线 AS 的交点 E_2 决定的价格水平为 P_2，总产量水平为 y_2。当总产量达到最大，即为充分就业的产量 y_f 时，整个社会的经济资源全部得到利用。图 5-1 中总需求曲线 AD_3 与总供给曲线 AS 的交点 E_3 决定的价格水平为 P_3，总产量水平为 y_f。价格水平从 P_1 上涨到 P_2 和 P_3 的现象被称作瓶颈式的通货膨胀。在达到充分就业的产量 y_f 以后，如果总需求继续增加，总供给就不再增加，因而总供给曲线 AS 呈垂直状。这时总需求的增加只会引起价格水平的上涨。例如，图 5-1 中总需求曲线从 AD_3 提高到 AD_4 时，它同总供给曲线的交点所决定的总产量并没有增加，仍然为 y_f，但是价格水平已经从 P_3 上涨到 P_4。这就是需求拉动的通货膨胀。西方经济学家认为，不论总需求的过度增长是来自消费需求、投资需求，还是来自政府需求、国外需求，都会导致需求拉动通货膨胀。需求方面的原因或冲击主要包括财政政策、货币政策、消费习惯的突然改变，国际市场的需求变动等。

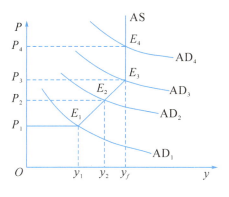

图 5-1　需求拉动通货膨胀

7. 若某一经济各项的价格水平 1984 年为 107.9，1985 年为 111.5，1986 年为 114.5。问 1985 年和 1986 年通货膨胀率各是多少？若人们对 1987 年的通货膨胀率预期是按前两年通货膨胀率的算术平均来形成。设 1987 年的利率为 6%，问该年的实际利率为多少？

答：1985 年的通货膨胀率为

$$\pi_{1985} = \frac{P_{1985} - P_{1984}}{P_{1984}} \times 100\% = \frac{111.5 - 107.9}{107.9} \times 100\% = 3.34\%$$

同理可得：$\pi_{1986} = 2.69\%$。

1987 年的预期通货膨胀率：$\pi^e_{1987} = \frac{\pi_{1985} + \pi_{1986}}{2} = \frac{3.34\% + 2.69\%}{2} = 3.015\%$。

1987 年的实际利率 = 名义利率 - 预期通货膨胀率 = 6% - 3.015% = 2.985%。

8. 设某经济社会某一时期有 1.9 亿成年人，其中 1.2 亿人有工作，0.1 亿人在寻找工作，0.45 亿人没工作但也没在找工作。试求：

（1）劳动力人数。

（2）劳动参与率。

（3）失业率。

答：（1）劳动力人数 = 就业人数 + 失业人数 = 1.2 + 0.1 = 1.3（亿）

（2）劳动参与率 = $\dfrac{\text{劳动力人数}}{\text{可工作年龄人口数}} \times 100\% = \dfrac{1.3}{1.9} \times 100\% = 68.4\%$

（3）失业率 = $\dfrac{\text{失业人数}}{\text{劳动力人数}} \times 100\% = \dfrac{0.1}{1.3} \times 100\% = 7.69\%$

9. 设一经济社会有以下菲利普斯曲线：

$\pi = \pi_{-1} - 0.5 (u - 0.06)$

问：（1）该经济社会的自然失业率为多少？

（2）为使通货膨胀率减少 5 个百分点，必须有多少周期性失业？

答：（1）由所给的菲利普斯曲线可知，当 $u - 0.06 = 0$，即失业率为 6% 时，经济达到充分就业状态，即经济的自然失业率为 6%。

（2）由所给的菲利普斯曲线，得到

$\pi - \pi_{-1} = -0.5 (u - 0.06)$

使通货膨胀率减少 5 个百分点，即在上式中，令 $\pi - \pi_{-1} = -5\% = -0.05$，则上式变为

$-0.05 = -0.5 (u - 0.06)$

即 $u - 0.06 = 10\%$

所以，为使通货膨胀率减少 5%，必须有 10% 的周期性失业。

10. 试说明菲利普斯曲线和总供给曲线的关系。

答：总供给曲线揭示的是总产出和价格水平之间的关系。菲利普斯曲线揭示的是通货膨胀率与失业率之间的替换关系。菲利普斯曲线和总供给曲线虽然表面上所揭示的关系不同，但在本质上都表示同样的宏观经济思想，仅仅是同一枚硬币的两面。

在一定的条件下，可以从总供给曲线推导出菲利普斯曲线，也可以从菲利普斯曲线推导出总供给曲线。

11. 设某一经济社会的菲利普斯曲线为 $\pi = \pi_{-1} - 0.4 (u - 0.06)$，试求：

（1）该经济社会的自然失业率是多少？

（2）画出该经济社会的短期和长期菲利普斯曲线。

答：（1）自然失业率是指通货膨胀率与预期通货膨胀率一致时的失业率。在本题中，预期通货膨胀率为上一期的实际通货膨胀率，故在所给的菲利普斯曲线方程中，令 $\pi = \pi_{-1}$，得 $u = 0.06$，因此，该经济的自然失业率为6%。

（2）由所给方程知，该经济社会的短期菲利普斯曲线的斜率为 -0.4，且是一条经过点（$u = 0.06$，$\pi = \pi_{-1}$）的直线。具体如图5-2所示。

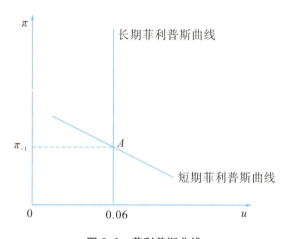

图5-2　菲利普斯曲线

在长期，预期通货膨胀率等于实际通货膨胀率，相应地，失业率为自然失业率，故长期菲利普斯曲线是一条位于自然失业率的垂直线。

12. 试根据常规的短期总供给曲线推导出菲利普斯曲线。

答：总供给曲线是反映经济总产量与价格水平之间关系的曲线。常规的短期总供给曲线揭示的是总产量与价格水平同方向变动的关系。故在简单的情况下，将总供给函数写为

$$p = p^e + \lambda (Y - \bar{Y}) \qquad (1)$$

其中，p 和 p^e 分别为价格水平和预期价格水平的对数，Y 和 $\bar{Y}$ 分别为总产量和潜在产量，λ 为参数且 $\lambda \geq 0$。

式（1）两边减去上一期的价格水平 p_{-1}，有

$$p - p_{-1} = (p^e - p_{-1}) + \lambda (Y - \bar{Y}) \qquad (2)$$

式（2）中，$p - p_{-1}$ 为通货膨胀率，记为 π，$p^e - p_{-1}$ 为预期通货膨胀率，记为 π^e，则式（2）为

$$\pi = \pi^e + \lambda (Y - \bar{Y}) \qquad (3)$$

另外，奥肯定律说明，总产量与失业之间存在反向关系。具体地，由奥肯定律，有

$$\lambda\left(Y-\bar{Y}\right)=-\beta\left(u-u_n\right) \tag{4}$$

其中，β 为常数且 $\beta>0$，u 为失业率，u_n 为自然失业率。将式（4）代入式（3），得

$$\pi=\pi^e-\beta\left(u-u_n\right) \tag{5}$$

式（5）即为菲利普斯曲线。

四、本章课后辅导题

一、名词解释

1. 结构性失业　2. 自然失业率　3. 奥肯定律　4. 通货膨胀　5. 菲利普斯曲线

6. 失业率　7. 需求拉动的通货膨胀

二、单项选择题

1. 下列人员中，不属于失业人员的是（　　）。

　　A. 调动工作的时间歇在家休养者

　　B. 半日工

　　C. 季节工

　　D. 对薪水不满意而待业在家的大学毕业生

2. 如果某个省的总人口数为 100 万人，就业者为 75 万人，失业者为 5 万人，则该国的失业率为（　　）。

　　A. 5%

　　B. 6.67%

　　C. 6.25%

　　D. 12.5%

3. 由于经济衰退或萧条时而形成的失业属于（　　）。

　　A. 摩擦性失业

　　B. 结构性失业

　　C. 周期性失业

　　D. 自然失业

4. 结构性失业是指（　　）。

　　A. 由某些行业生产的季节性变动所引起的失业

　　B. 由总需求不足引起的短期失业

　　C. 由于劳动力市场结构的特点，劳动力的流动不能适应劳动需求变动所引起的失业

　　D. 劳动力的供给和需求不匹配所造成的失业

5. 某一国家在十年中货币增长率为 20%，实际国民收入增长率为 18%，假设货币流通速度不变，那么这 5 年中价格水平将趋于（　　）。

　　A. 上升

　　B. 下降

　　C. 不变

　　D. 上下波动

6. 通货膨胀是（　　）。

A. 一般物价水平在一段时间内普遍、持续地上涨

B. 货币发行量在一段时间内超过流通中的黄金量

C. 货币发行量在一段时间内普遍超过流通中的商品的价值量

D. 以上都不是

7. 一般用来衡量通货膨胀的物价指数是指（　　）。

A. 消费物价指数　　　　　　　　B. 批发物价指数

C. 国民生产总值折算数　　　　　D. 生产者价格指数

8. 以下哪种现象不伴随通货紧缩发生（　　）。

A. 有效需求不足　　　　　　　　B. 经济衰退

C. 失业率下降　　　　　　　　　D. 物价下跌

9. 通货膨胀的经济效应包括（　　）。

A. 分配效应和产出效应　　　　　B. 再分配效应和产出效应

C. 分配效应和收入效应　　　　　D. 再分配效应和收入效应

10. 在下列通货膨胀的原因中，（　　）最可能是成本推动通货膨胀的原因。

A. 银行贷款的扩张　　　　　　　B. 预算赤字

C. 进口商品价格的上涨　　　　　D. 投资率下降

11. 由于工会垄断力量要求提高工资，从而导致雇主提高商品售价，最终引发整个社会物价水平上涨，这就是（　　）。

A. 需求拉动型通货膨胀　　　　　B. 成本推动型通货膨胀

C. 结构性通货膨胀　　　　　　　D. 利润推动型通货膨胀

12. 抑制需求拉动通货膨胀，应该（　　）。

A. 控制货币供应量　　　　　　　B. 降低工资

C. 解除托拉斯组织　　　　　　　D. 减税

13. 下列表述中，正确的是（　　）。

A. 在任何情况下，通货膨胀对经济的影响都很小

B. 在通货膨胀可以预期的情况下，通货膨胀对经济的影响也很大

C. 在通货膨胀不能预期的情况下，通货膨胀有利于雇主而不利于工人

D. 在任何情况下，通货膨胀对经济的影响都很大

14. 导致需求拉动型通货膨胀的主要原因是（　　）。

A. 总需求大于总供给　　　　　　B. 总需求小于总供给

C. 消费支出增加　　　　　　　　D. 商品、劳务供给过多

15. 菲利普斯曲线是一条描述（　　）。

A. 失业与就业之间关系的曲线

B. 工资与就业之间关系的曲线

C. 工资与利润之间关系的曲线

D. 失业与通货膨胀之间交替关系的曲线

16. 货币主义者认为菲利普斯曲线所表示的失业率与通货膨胀率之间的交替关系（　　）。

    A. 只存在于短期中　　　　　　　　B. 只存在于长期中

    C. 在短期与长期中均存在　　　　　D. 在短期与长期中交替存在

17. 根据长期菲利普斯曲线，失业率和通货膨胀率之间的关系是（　　）。

    A. 正相关　　　　　　　　　　　　B. 负相关

    C. 无关　　　　　　　　　　　　　D. 不能确定

18. 根据菲利普斯曲线，降低通货膨胀率的办法是（　　）。

    A. 减少货币供给量　　　　　　　　B. 降低失业率

    C. 提高失业率　　　　　　　　　　D. 增加工资

19. 奥肯定理说明了（　　）。

    A. 失业率和实际国民生产总值之间高度负相关的关系

    B. 失业率和实际国民生产总值之间高度正相关的关系

    C. 失业率和物价水平之间高度负相关的关系

    D. 失业率和物价水平之间高度正相关的关系

20. 奥肯定理说明了失业率每增加1%，则实际国民收入减少2.5%，在美国这种比例关系（　　）。

    A. 始终不变，一直如此

    B. 在不同的时期并不完全相同

    C. 只适用于经济实现了充分就业时的状况

    D. 以上均不正确

21. 在下列引起通货膨胀的原因中，成本推动的通货膨胀的原因可能是（　　）。

    A. 银行贷款的扩张　　　　　　　　B. 预算赤字

    C. 进口商品价格上涨　　　　　　　D. 投资增加

22. 为减少经济中存在的失业，应采取的财政政策工具是（　　）。

    A. 增加政府支出　　　　　　　　　B. 提高个人所得税

    C. 增加失业保险金　　　　　　　　D. 增加货币供给量

23. 根据货币数量论，通货膨胀主要是（　　）的结果。

    A. 经济周期　　　　　　　　　　　B. 流通中的货币量过多

    C. 总需求超过总供给　　　　　　　D. 工会过高的工资要求和管理价格

24. 垄断企业和寡头企业利用市场势力谋取过高利润所导致的通货膨胀，属于（　　）。

    A. 成本推动型通货膨胀　　　　　　B. 抑制型通货膨胀

    C. 需求拉动型通货膨胀　　　　　　D. 结构性通货膨胀

25. 一般而言，通货膨胀会使（   ）。

    A. 债权人受益，债务人受损   B. 债权人受损，债务人受益

    C. 债权人和债务人都受益   D. 债权人和债务人都受损

三、判断题

1. 只要经济中有一个失业者存在，就不能说实现了充分就业。   （   ）

2. 在一个固有的社会群体中里，自然失业率是一个固定不变的数。   （   ）

3. 只要存在失业工人，就不可能有工作空位。   （   ）

4. 根据奥肯定理，失业率每增加 1%，则实际国民收入就会减少 2.5%。   （   ）

5. 如果通货膨胀率相当稳定，而且人们可以完全预期，那么通货膨胀对经济的影响就很小。   （   ）

6. "通货膨胀随时随地都是一种货币现象。"这是凯恩斯学派的观点。   （   ）

7. 对付需求性通货膨胀的政策主要是收入政策。   （   ）

8. 失业率是指没有工作又正在寻找工作的人在总人口中所占的比例。   （   ）

9. 低价格就是通货紧缩。   （   ）

10. 货币学派认为，长期看来，通货膨胀率和失业率存在替代关系，政府可以通过货币政策降低失业率。   （   ）

四、简答题

1. 在长期菲利普斯曲线上，失业率为 6%，政府支出增加后，物价和失业率将如何变化？

2. 在货币供给量不变的情况下，会发生通货膨胀吗？为什么？

3. 简述通货膨胀对经济的影响。

4. 简述预期在通货膨胀形成中的作用。

5. 如何根据适应性预期和理性预期来解释菲利普斯曲线？

五、计算题

1. 如果失业率与 GDP 之间满足奥肯定律 $(y-y_f)/y_f = -3(u-u^*)$，其中 u 是失业率，u^* 是自然失业率，y 是 GDP，y_f 是潜在 GDP。又假定 2005—2008 年的失业率分别是 5%、6%、7%、8%。求：

（1）当自然失业率为 6% 时，2005—2008 年各年失业率所对应的 GDP 缺口。

（2）比较四年中实际 GDP 和潜在 GDP 的关系。

（3）若 2005 年的实际 GDP 为 2 400 万亿元，请计算当年的潜在 GDP 水平。

2. 若国内从 2001 年到 2004 年的消费者物价指数分别为 452，482，540，581，试求：

（1）2002 年、2003 年、2004 年的通货膨胀率各是多少？

（2）假定工人从 2001 年签订了为期两年的合同，合同的工资增长率为 $\Delta w/w = 0.2$，请计算 2001 到 2004 年工人的实际工资。

3. 已知货币的流通速度加快 5%，实际总产出减少了 3%，而货币的供给增长了 7%，试求现在的通货膨胀率是多少？

4. 已知某一产品市场的均衡方程式为 $Y = 850 - 25r$，其货币市场的均衡方程式为 $Y = -500 + 5m + 10r$，$m = \dfrac{M}{P}$，经济在 $Y = 650$ 时达到充分就业，如果名义货币供给 $Ms = 200$，物价水平 $P = 1$，试求：

（1）是否存在通货膨胀压力？

（2）物价水平为何值时，才能实现宏观经济的一般均衡？

5. 已知某一经济社会在第一年具有 6% 的通货膨胀率，价格方程的系数 $h = 0.25$，假定从第二年开始以每年 3% 的失业率为代价，失业率 $t = -(Y_{-1} - Y^*) / Y^*$，试问需要多少年才能使通货膨胀率降为 3%？

六、论述题

试述通货膨胀的原因。

五、本章课后辅导题答案及分析

一、名词解释

1. 结构性失业指劳动力的供给和需求不匹配所造成的失业，其特点是既有失业，又有职位空缺，失业者或者没有合适的技能，或者居住地点不当，因此无法填补现有的职位空缺。

2. 自然失业率是指在没有货币因素干扰的情况下，劳动市场处于供求稳定状态时的失业率。这种稳定状态被认为既不会造成通货膨胀也不会造成通货紧缩。

3. 奥肯定律是指失业率每高于自然失业率 1 个百分点，实际 GDP 将低于潜在 GDP 2 个百分点。奥肯定律揭示了产品市场和劳务市场之间极为重要的联系。它描述了实际 GDP 的短期变动与失业率变动的关系。

4. 通货膨胀是指当一个经济社会中的大多数商品和劳务的价格持续在一段时间内普遍上涨时，就称这个经济社会经历着通货膨胀。

5. 菲利普斯曲线是菲利普斯根据英国 1861—1957 年间近百年失业率和货币工资变动率的经验统计资料，提出的一条用以表示失业率和货币工资变动率之间交替关系的曲线。

6. 失业率是指劳动力中没有工作而又在寻找工作的人所占的比例，失业率的波动反映了就业的波动情况。

7. 需求拉动的通货膨胀是指总需求超过总供给所引起的一般价格水平的持续显著的上涨。

1. B。失业人员主要是指有劳动能力但找不到工作的人。

2. C。失业率是指劳动力中没有工作而在寻找工作的人所占比例，即 5/（75+5）=6.25%。

3. C。周期性失业是指经济周期中的衰退或萧条时，因需求下降而造成的失业。

4. D。结构性失业是指劳动力的供给和需求不匹配所造成的失业。

5. A。货币数量论认为货币供给的增加是通货膨胀的基本原因，其交易方程式：$MV = PY$。

6. A。通货膨胀是指一个经济体中大多数的商品和劳务的价格连续在一段时间内普遍上涨的情况。

7. A。消费物价指数英文缩写为 CPI，是根据与居民生活有关的产品及劳务价格统计出来的物价变动指标，通常作为观察通货膨胀水平的重要指标。

8. C。除了失业率下降，另外三个现象将会伴随通货紧缩发生。

9. B。通货膨胀的经济效应包括再分配效应和产出效应。

10. C。成本推动通货膨胀的主要原因有：一是工会要求较高的工资导致工资推动通货膨胀；二是垄断和寡头企业牟取高额利润推动通货膨胀；三是在开放经济中，进出口所引起的成本增加也会导致通货膨胀。

11. B。参照第十题答案。

12. A。需求拉动通货膨胀是指总需求超过总供给所引起的一般价格水平的持续显著的上涨，而控制货币供应量，能够抑制价格的持续上涨，从而抑制通货膨胀。

13. C。在通货膨胀不能预期的情况下，所有物价上涨，雇主盈利增多，而相反工人的工资数额不变，也就意味着相对现在的物价工人的工资减少了，故有利于雇主而不利于工人。

14. A。需求拉动型通货膨胀是指总需求超过总供给所引起的通货膨胀。

15. D。菲利普斯曲线表示了失业率与通货膨胀之间的替换关系：失业率高，则通货膨胀率低；失业率低，则通货膨胀率高。

16. A。货币主义者认为菲利蒲斯曲线所表示的失业率与通货膨胀率之间的交替关系，而理性预期学派认为在长期与短期中都不存在菲利蒲斯曲线所表示的失业率与通货膨胀率之间的交替关系。

17. C。长期当中的菲利普斯曲线，即长期菲利普斯曲线是一条垂直线，表明失业率与通货膨胀率之间不存在替代关系。

18. C。具体解析参照第 17 题答案解析。

19. A。略。

20. B。奥肯定律只是揭示了失业率与实际 GDP 之间的关系，但具体的比例关系会因不同的时期而不同。

21. C。进口商品价格上涨会导致企业的生产成本提高，从而导致成本推动的通货膨胀。

22. A。增加政府支出属于扩张性财政政策，能够刺激经济，减少失业。

23. B。略。

24. A。成本推动型通货膨胀包括工资推动的通货膨胀和利润推动的通货膨胀。

25. B。通货膨胀会损害债权人的利益而使债务人受益。

三、判断题

1. 错。充分就业并不等于全部就业或者完全就业，而是仍然存在一定的失业，经济学中通常把失业率等于自然失业率时的就业水平称为充分就业。

2. 错。自然失业率是劳动市场处于供求稳定状态时的失业率，并不是一个固定不变的数。

3. 错。社会也会存在结构性失业，即劳动的供给和需求不匹配所造成的失业。

4. 错。条件是必须在充分就业的情况下。

5. 对。当通货膨胀均衡且可以完全预期时，人们就会采取一定的措施，所以对经济的影响就会很小。

6. 错。这是货币学派的观点。

7. 错。收入政策对付的是成本推动型通货膨胀。

8. 错。失业率是劳动力人口中没有工作而又在寻找工作的人所占的比例。

9. 错。通货紧缩是物价水平的减少率，而不是物价水平本身。

10. 错。货币学派的观点是，在长期中通货膨胀率和失业率不存在替代关系。

四、简答题

1. 答：在短期内，由于社会需求增加，从而导致物价上涨，失业率下降，但经过足够长的时间后，物价将保持在一个较高的水平，但失业率将回到原来的5%。

2. 答：会。因为价格水平等于名义货币供给量与实际货币需求量之比。如果货币供给保持不变，但实际货币需求变化了，也会引起价格水平的变化。实际国民收入、利率水平的变化均会对实际货币需求量产生影响。

3. 答：一是通货膨胀会损害经济效率，因为它使得价格信号变得混乱；二是通货膨胀会引起货币使用的混乱；三是通货膨胀还会对整个经济的运行产生影响。低通货膨胀国家的经济增长速度较快，而高通货膨胀的国家经济增长速度较慢。

4. 答：在实际中，一旦形成通货膨胀，便会持续一般时期，这种现象被称为通货膨胀惯性，对通货膨胀惯性的一种解释是人们会对通货膨胀作出的相应预期。预期是人们对未来经济变量作出一种估计，预期往往会根据过去的通货膨胀的经验和对未来经济形势的判断，作出对未来通货膨胀走势的判断和估计，从而形成对通胀的预期。

预期对人们的经济行为有重要的影响，人们对通货膨胀的预期会导致通货膨胀具有惯性，如人们预期的通胀率为10%，在订立有关合同时，厂商会要求价格上涨10%，而工人与厂商签订合同时也会要求增加 10% 的工资，这样，在其他条件不变的情况下，每单位产品的成本会增加 10%，从而使通货膨胀率按 10% 持续下去，这就必然会形成通货膨胀惯性。

5. 答：菲利普斯曲线的基本含义是失业率与通货膨胀率之间存在一种负相关关系，即失业率上升，通货膨胀率下降；反之，通货膨胀率提高。

但菲利普斯曲线没有考虑到预期的因素。美国经济学家弗里德曼和费尔普斯根据适应性预期对这条曲线作了新的解释。他们认为，在短期内，当预期的通货膨胀率低于以后实际发生的通货膨胀率时，存在菲利普斯曲线所表示的失业率与通货膨胀率之间的关系。但在长期中人们要根据适应性预期来决定自己的行为，即人们可以根据过去预期的失误来修改对未来的预期。这样，当预期的通货膨胀率与实际的通货膨胀率一致时，失业率与通货膨胀就不存在这种交替关系，因而长期菲利普斯曲线是一条垂直线。

理性预期学派进一步以理性预期为依据解释了菲利普斯曲线。他们认为，由于人们的预期是理性的，预期的通货膨胀率与以后实际发生的通货膨胀率总是一致的，不会出现短期内实际通货膨胀率大于预期通货膨胀率的情况，所以，无论在短期或长期中，菲利普斯曲线所表示的失业率与通货膨胀的关系都不存在。

五、计算题

1. 解：（1）按照奥肯定律，在 6% 的自然失业率水平下，各年的 GDP 缺口分别为

2005 年：$(y_{2005}-y_f)/y_f = -3(5\%-6\%) = 3\%$；

2006 年：$(y_{2006}-y_f)/y_f = -3(6\%-6\%) = 0$；

2007 年：$(y_{2007}-y_f)/y_f = -3(7\%-6\%) = -3\%$；

2008 年：$(y_{2008}-y_f)/y_f = -3(8\%-6\%) = -6\%$。

（2）由（1）可知，在 2005 年实际 GDP 高于潜在的 GDP 水平，2006 年缺口消除，2007 年、2008 年实际 GDP 低于潜在 GDP 水平。

（3）如果 2005 年 GDP 为 2 400 万亿元，由已知条件和奥肯定律可得

$$\frac{(2\,400-y_f)}{y_f} = -3(5\%-6\%) = 0.03$$

解得 $y_f = \dfrac{2\,400}{1.03} = 2\,330.10$，即 2005 年潜在的 GDP 水平为 2 330.10 万亿元。

2. 解：（1）如果以 CPI 来衡量通货膨胀率 π，则某年的通货膨胀率为

$$\pi_{2002} = \frac{CPI_{2002}-CPI_{2001}}{CPI_{2001}} = \frac{482-452}{452} \times 100\% = 6.64\%$$

同理可得 2003 年与 2004 年的通货膨胀率：

$$\pi_{2003} = \frac{CPI_{2003}-CPI_{2002}}{CPI_{2002}} = \frac{540-482}{482} \times 100\% = 12.0\%$$

$$\pi_{2004} = \frac{CPI_{2004} - CPI_{2003}}{CPI_{2003}} = \frac{581 - 540}{540} \times 100\% = 7.59\%$$

（2）依题意得出：如果 $\Delta w/w = 0.2$，即每年的名义工资增长率为 20%，那么，在 2002 年由于 $\Delta w/w - 6.64\% = 13.36\%$，所以实际工资增长了 13.36%；同理可得 2003 年和 2004 年的工资增长率为 8%、12.41%。

3. 解：根据费雪货币数量方程式 $MV = PQ$，得出：

$$P = \frac{MV}{Q} = \frac{(1+5\%)(1+7\%)}{1-3\%} = 115.82\%$$

故得出通货膨胀率为

$$\pi = 115.82\% - 100\% = 15.82\%$$

4. 解：（1）依题意有产品市场和货币市场同时均衡的国民收入 $Y = 850 - 25r$，货币市场的均衡条件为 $Y = -500 + 5m + 10r$，名义货币供给 $Ms = 200$，$P = 1$。

联立解得 $r = 10$，$Y = 600$，由于 $Y = 600 < 650$，不存在通货膨胀的压力。

（2）宏观经济达到一般均衡时实现充分就业，这时有 $Y = 650$，代入 $Y = 850 - 25r$，

$Y = -500 + 5m + 10r$，$m = \dfrac{M}{P}$，解出 $P = 0.94$

5. 解：依题意得，第一年的通货膨胀率 $\pi_1 = 6\%$，价格方程的系数 $h = 0.25$，失业率 $t = 3\%$，根据失业率 $t = -(Y_{-1} - Y^*)/Y^*$ 得到调整方程：

$$\pi_t = \pi_{t-1} + h \times (-t)$$

将数据代入得：$\pi_2 = 6\% + 0.25 \times 0 = 6\%$，同理可得：

$\pi_3 = 5.25\%$，$\pi_4 = 4.5\%$，$\pi_5 = 3.75\%$，$\pi_6 = 3\%$

所以，一共需要 5 年时间才能将通货膨胀率 8% 调整到预期目标通货膨胀率 2%。

六、论述题

答：关于通货膨胀的原因，经济学家提出了许多解释，有的以货币数量论为基础，认为通货膨胀是因为货币发行过多；有的用总需求与总供给来解释；还有的则从经济结构因素变动的角度来分析。具体而言，主要有以下几个方面的解释：

（1）古典经济学家以货币数量论为基础分析通货膨胀，认为通货膨胀是一种货币现象，每一次通货膨胀的背后都有货币供给的迅速增长。货币数量论者认为，货币流通速度一直是较为稳定的，在产量由要素供给和技术决定的情况下，当货币供给发生改变，并引起名义产量价值相应变动时，这些变动反映在物价水平的变动上，即产生通货膨胀。

（2）需求拉动型通货膨胀，即由总需求增加超过总供给引起的一般价格水平的持续显著的上涨。总需求增加也许是由消费者需求增加、政府支出水平提高所致，或许是由企业投资增加、外国人对本国出口商品的需求增加所引起，或者是所有这四个因素共同作用的结果。很多经济学家认为，需求拉动型通货膨胀一般与经济繁荣情况有关。财政政策、货币政策、消费习惯的突然改变，国际市场的需求变动等都会冲击需

求或使需求发生改变。总需求改变会导致价格与产量做相应的变化。当经济达到潜在产量以后，总需求的增加只会使价格水平上升。

（3）成本推动型通货膨胀，即在没有超额需求的情况下由于供给方面成本的提高而引起的一般价格水平持续和显著的上涨。它与总供给曲线向左（向上）位移有关。当生产成本不是因为总需求变化而增加时，就会出现这种位移。企业面临成本增加时，一方面会提高价格，另一方面会减少产量。根据成本上升的原因的不同主要可以区分为工资推动型通货膨胀、利润推动型通货膨胀、进口商品推动型通货膨胀。其他原因包括税收推动型通货膨胀及自然资源的枯竭。

（4）需求拉动型通货膨胀和成本推动型通货膨胀的相互作用。需求拉动型通货膨胀和成本推动型号通货膨胀也可能一起发生，因为工资和价格上升可能是总需求增加和引起成本上升的各种独立因素共同作用的结果。即使当通货膨胀过程始于需求拉动型通货膨胀或成本推动型通货膨胀，但也很难把这二者区分开来。成本型通货膨胀真正发生在生产成本的上升与需求无关时。

（5）结构性通货膨胀，指在没有需求拉动和成本推动的情况下，由于经济结构因素的变动而引起的一般价格水平的持续上涨。当经济中的需求格局发生变化时，有些行业的需求增加，而有些行业的需求将下降。西方学者通常用两个部门生产率提高的快慢来说明结构性通货膨胀。由于生产率提高的快慢不同，两个部门的工资增长的快慢也有区别。但是，生产率提高慢的部门要求工资增长向生产率提高快的部门看齐，结果使全社会工资增长率超过生产率增长的速度，从而引起通货膨胀。

（6）预期的作用。近年来，经济学有越来越认识到，预期在解释现实通货膨胀率中非常重要，即工人和企业在作决策时，会考虑预期通货膨胀率。预期通货膨胀率越高，工资支付水平和价格水平增长的比率越大，由此导致的现实通货膨胀率也就越高。

第六章

宏观经济政策

一、本章知识鸟瞰图

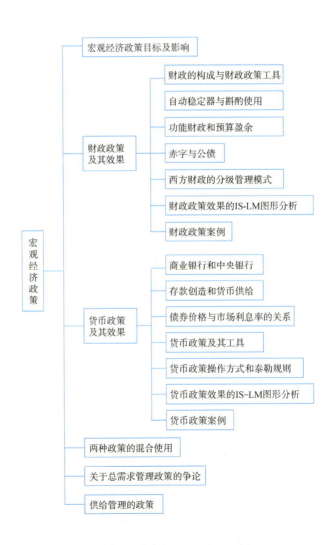

二、本章重点与难点

（一）宏观经济政策目标以及经济政策影响

宏观经济政策的四大目标是充分就业、价格稳定、经济增长和国际收支平衡。

所谓充分就业是指包含劳动在内的一切生产要素都以愿意接受的价格参与生产活动的状态。就劳动就业而言，充分就业并不是所有的劳动者都能就业，在充分就业的状态下，有可能存在失业。

价格稳定是指价格总水平的稳定。经济学一般采用价格指数来表示价格水平的变化。价格稳定不是指每种商品价格的固定不变，也不是指价格总水平的固定不变，而是指价格指数的相对稳定。

经济增长是指在一个时期内经济社会所生产的人均产量或者人均收入的持续增长。一般认为，经济增长与就业目标是一致的。

国际收支平衡是指一国在一定时期从国外收进的全部货币资金和向国外支付的全部货币资金的平衡关系。一国的国际收支状况不仅反映了这个国家的对外经济交往情况，还反映出该国经济的稳定程度。

需要指出的是，上述宏观经济政策的目标并不总是一致的，也就是说，政府不总是能同时实现以上所有的目标。

（二）财政政策及其效果

1. 财政的构成与财政政策工具

国家财政由政府收入和支出两个方面构成。政府支出分政府购买和转移支付两类。政府购买直接是社会总需求的组成部分。它的变动通过乘数效应影响总需求变动。转移支付虽然不能算作直接的总需求，但它通过影响人们的可支配收入来影响总需求。税收是政府财政收入中的最主要部分。公债是由于政府的财政支出超过了收入，为了弥补财政赤字而向国内外的借债，实际上是税收的预征，因而公债收入不能算是财政收入。税收既影响（间接）总需求，也影响激励机制与总供给，最终都会影响就业与收入。

财政政策工具是财政当局为实现既定的政策目标所选择的操作手段。财政政策工具主要有变动政府购买支出、改变政府转移支付和变动税收三种。它们将引起总需求的变动，最终导致一般价格水平、就业量与国民收入的变动。

财政政策分为扩张性财政政策和紧缩性财政政策两种。①扩张性财政政策：增加支出，减少税收。②紧缩性财政政策：减少支出，增加税收。

2. 自动稳定器与斟酌使用

（1）自动稳定器的含义。

其又称内在稳定器，是指经济系统本身存在一种会减少各种干扰对国民收入冲击的机制，能够在经济繁荣时期自动抑制通货膨胀，在经济萧条时期自动减轻经济衰退。

（2）财政制度自动稳定器的组成。

政府税收（比例税收）的自动变化：经济萧条→实际 Y 减少→税收减少→可支配收入增加→消费增加→Y 增加。

政府支出（转移支付）的自动变化：经济萧条→Y 减少→转移支付增加→可支配收入增加→消费增加→Y 增加。

农产品价格维持制度：经济萧条→农产品 P 下降→对农业的补贴增加→可支配 Y 增加→消费增加→Y 增加。

（3）自动稳定器的局限性。

事后才发挥作用；作用程度有限：只能轻微地减轻收入的波动，不能逆转经济的变动趋势，从而不能消除经济波动。

（4）斟酌使用的财政政策。

财政政策使用的原则是"逆经济风向行事"，或相机抉择、斟酌使用：经济衰退时，采取扩张性财政政策以刺激总需求。当经济过度繁荣，出现通货膨胀时，采取紧缩性财政政策以抑制总需求（即补偿性财政政策）。

补偿性财政政策的局限性：时滞；不确定性，主要是乘数大小难以确定以及政策发挥作用，再达到目标这段时期内，总需求可能发生相反的变化的不确定性；外在的不可预测的随机干扰；财政政策的挤出效应；减税容易增税难。

3. 功能财政与预算盈余

（1）财政预算。

财政预算（budget）确定政府在既定年度内的预计支出与预期收入。在一个财政年度中，如果政府收入超过支出，就会产生预算盈余（budget surplus）；如果政府收入小于支出，就会产生预算赤字（budget deficit）；政府收入等于支出，就是预算平衡（balanced budget）。

（2）功能财政思想。

凯恩斯认为，应从反经济周期的角度来考虑财政预算，而不应单纯用财政预算收支平衡的观点来考虑该问题。例如，当经济衰退时政府有义务实行扩张性财政政策，尽管这样会使赤字增加或盈余减少。

（3）平衡预算思想。

年度平衡预算：在一个财政年度内保持预算平衡。年度平衡预算的缺陷是将扩大经济波动：经济衰退致使国民收入下降，税收也下降，为了保持预算平衡，政府支出也必须降低或提高税率，这样会造成经济衰退更加严重。

周期平衡预算：在一个经济周期内保持预算平衡。周期平衡预算也有缺陷：第一，将扩大经济波动。因为繁荣时的预算盈余不一定正好能够弥补衰退时的预算赤字。如果衰退比较严重，持续时间较长，预算赤字就会大于预算盈余。此时，为了实现周期内的预算平衡，政府必须减少支出，从而使衰退更加严重。第二，难以确定周期预算平衡应决定在什么水平上，因为政府不知道未来的波动多大、持续时间多长。

4. 赤字与公债

在功能财政思想引导下的财政政策大多是对付经济衰退问题的扩张性财政政策，结果是导致财政赤字上升。弥补赤字的途径无非是借债和出售政府资产。政府借债分两类：一类是向中央银行借债，又称货币筹资，实际上是要中央银行增发货币，结果是带来通货膨胀。另一类是向国内公众（商业银行及其他金融机构、企业和个人）和国外借债，又称债务筹资。

政府赤字与政府债务的相互关系。当政府财政出现赤字时，它就必须向公众借债来支付其相当于赤字数额的款项。政府债务指政府的借款总额，是一个存量，与此相对应的流量是预算赤字，即当年新增加的政府债务。国际上，财政赤字有两条警戒线：第一，财政赤字占 GDP 的比重为 3%；第二，财政赤字占当年财政支出的比重为 15%。

政府赤字对经济的影响。赤字对经济的短期影响是产生挤出效应，对经济的长期影响是将减缓经济增长。

5. 财政政策效果的 IS-LM 图形分析

从 IS-LM 模型来看，财政政策效果的大小是指政府税收和支出的变化所导致的 IS 曲线的变化对国民收入产生的影响。研究影响政策效果的因素实际上就是研究 IS 曲线、LM 曲线中的各参数的数值及其变化对曲线的空间位置的变化从而对均衡产出水平的影响。从 IS 曲线和 LM 曲线的图形上看，这种影响的大小会因 IS 曲线和 LM 曲线斜率的不同而不同。

（1）IS 曲线的斜率对财政政策效果的影响。

当 LM 曲线不变时，IS 曲线斜率的绝对值越大，即 IS 曲线越陡峭，则政府收支变化使 IS 曲线发生移动时导致国民收入的变化就越大，财政政策的效果就越大；IS 曲线斜率的绝对值越小，即 IS 曲线越平坦，则 IS 曲线发生移动时导致国民收入的变化就越小，财政政策效果也就越小。

IS 曲线之所以会影响财政政策的效果，是与投资的利率系数以及乘数相关的。IS 曲线的斜率的大小主要由投资的利率系数大小所决定，IS 曲线斜率的绝对值越小，即 IS 曲线越平缓，说明投资的利率系数越大，即利率变动一定幅度将引起投资较大幅度的变动。如果投资对利率变动的反应较为敏感，则政府采取扩张性的财政政策使国民收入增加的同时，利率上升，而利率的上升必将使私人投资减少许多，产生的挤出效应较大，国民收入增加的幅度较小。因此，IS 曲线越平缓，实行扩张性财政政策时挤出效应就越大，被挤出的私人投资就越多，国民收入增加的就越少，即财政政策效果越小。IS 曲线越陡峭，投资的利率系数越小，投资对利率变动的反应不敏感，政府支出增加产生的挤出效应较小，因而国民收入增加较多，财政政策效果较大。

就乘数而言，乘数越大，IS 曲线斜率的绝对值就越小，IS 曲线越平坦，一定投资量和总需求的变动所引起的国民收入的变动就越大，挤出效应也越大，财政政策效果就越小。反之，乘数越小，IS 曲线斜率的绝对值就越大，IS 曲线越陡峭，挤出效应越小，财政政策效果越大。

（2）LM 曲线的斜率对财政政策效果的影响。

当 IS 曲线的斜率给定不变时，财政政策的效果取决于 LM 曲线的斜率。LM 曲线斜率的绝对值越大，即 LM 曲线越陡峭，财政政策使 IS 曲线移动时对利率的影响越大，国民收入的变动越小，也就是说财政政策效果越小；LM 曲线的斜率越小，LM 曲线越平坦，IS 曲线移动时将导致国民收入发生较大的变动，即财政政策效果越大。

LM 曲线的斜率之所以影响财政政策的效果是与货币需求的收入系数和利率系数相关的。政府增加相同的一笔政府支出，当 LM 曲线斜率较大即曲线较陡峭时，表示货币需求的利率系数较小，或者说，货币需求对利率的反应较不敏感，意味着一定货币需求的增加需要利率较多地上升，利率上升得越多，对私人投资挤占得就越多，挤出效应越大，导致财政政策效果越小。同时，LM 曲线越陡峭，货币需求的收入系数越大，一定的国民收入水平提高所引起的货币需求增加得越多，在货币供给量不变的情况下，货币需求增加得越多，利率上升越高；利率上升得越高，私人投资减少得越多，国民收入增加得就少，财政政策的效果就小。LM 曲线斜率越小，即 LM 曲线越平坦，表示货币需求的利率系数越大，说明货币需求对利率的反应越敏感，当政府增加支出，即使通过发行公债向私人部门借了大量的货币，也不会使利率上升许多，利率上升得越小，对私人投资产生的影响越小，挤出效应越小，当政府支出增加时，将会使国民收入增加许多，即财政政策效果较大。同时，LM 曲线越平坦，货币需求的收入系数越小，在货币供给量不变的情况下，一定的国民收入水平提高所引起的货币需求增加得越少，利率就上升得越少，从而私人投资减少得也越少，挤出效应则越小，国民收入增加得就多，财政政策的效果就大。

（3）挤出效应及其影响因素。

挤出效应是指政府支出增加所引起的私人部门的消费或投资降低的效果。挤出效应可能是部分的，也可能是完全的。当私人投资的减少小于政府支出的增加时，这时的挤出效应就是部分的；当私人投资的减少量与政府支出的增加量相等时，这时的挤出效应就是完全的。

影响挤出效应的因素主要有以下几点：

第一，货币需求对产出变动的敏感程度，即货币需求函数（$L = ky - hr$）中的 k 的大小。k 越大，一定的国民收入增加所引起的货币需求的增加也大，在货币供给量不变的前提下，利率上升得越高，挤出效应越大。k 越小，挤出效应越小。

第二，货币需求对利率变动的敏感程度。h越小，一定的货币需求增加需要利率上升很多，从而投资减少得就多，挤出效应就大。h越大，挤出效应就越小。

第三，投资需求对利率变动的敏感程度，即投资函数$i=e-dr$中的d的大小。d越大，一定的利率变动所引起的投资变动也就越大，因而挤出效应就越大。d越小，挤出效应也越小。

第四，支出乘数的大小。支出乘数越小，利率提高使投资减少所引起的国民收入的减少也越少，即挤出效应也越小；支出乘数越大，挤出效应也越大。

在这些影响挤出效应的因素中，支出乘数主要取决于边际消费倾向。一般而言，边际消费倾向是比较稳定的，同时税率也不会轻易变动。货币需求的收入系数k主要取决于人们的支付习惯和制度，一般也认为其比较稳定。因此，挤出效应的大小主要取决于货币需求的利率系数和投资需求的利率系数的大小。

（三）货币政策及其效果

1. 商业银行和中央银行

西方的银行体系一般由中央银行与金融中介机构（商业银行和其他金融机构）组成。

（1）商业银行。

商业银行所从事的业务主要包括：负债业务、资产业务和中间业务。

负债业务：吸收存款，包括活期、定期和储蓄存款。

资产业务：发放贷款和投资。

中间业务：代客户办理支付事项和其他委托事项，如支付结算类业务、银行卡业务、代理类业务、担保及承诺类业务、交易类业务、投资银行业务、基金托管业务、咨询顾问类业务等。

（2）中央银行。

中央银行（央行）的性质：中央银行是一国最高金融当局，管理全国金融活动，实施货币政策以影响经济。

中央银行的三大职能：①发行货币。②管制商业银行。接受商业银行的存款，为商业银行提供贷款，规定商业银行的准备率，并为商业银行集中办理全国的结算业务。③作为国家的银行。代理国库，向政府提供所需资金，对外代表国家与外国发生金融业务关系，执行货币政策。

中央银行的独立性：中央银行有的独立于政府（例如美国的联邦储备银行），有的处于政府的管辖之下（中国人民银行）。央行独立的好处在于能够保持币值的稳定与确保货币政策的制定不受任何党派政治目标的干扰。

2. 存款创造与简单的货币创造乘数

（1）存款准备金与法定准备率。

存款准备金：商业银行从存款总额中提取的以便满足客户随时取款需要的金额。

法定准备率：存款准备金与全部存款的比例称为存款准备率。存款准备率一般由中央银行规定，具有法律约束力，各商业银行必须无条件服从，所以称为法定准备率。法定准备金的一部分作为银行库存现金，另一部分存放在中央银行，即以现金与在央行存款的形式持有准备金。

（2）存款创造：简单的货币创造乘数。

①简单的货币创造乘数公式。

$k=\dfrac{\Delta D}{\Delta R}=\dfrac{1}{r_d}$，等于法定准备率的倒数。具体推导过程：

假定：法定准备率为20%，中央银行购买100万元的公债。私人部门得到货币以后，总是将它存放在商业银行（没有手持现金），商业银行按法定准备率贷款，没有超额储备金。

私人部门得到100万元现金以后，存放在A银行，于是活期存款增加了100万元。但此时货币没有增加，仅仅是形式的变换：从现金形式变成了活期存款形式。

A银行根据20%的法定准备率，将80万元款项贷放出去；得到这80万元贷款的客户把这笔贷款存入商业银行B，于是活期存款就增加了80万元。这是真正的货币增加。

B商业银行根据20%的法定准备率，放款64万元，得到这笔贷款的客户又会把它存入C商业银行，于是活期存款或货币又增加了64万元。这个过程可以一直持续下去。

若用r_d表示准备率，ΔD表示活期存款的变动量，ΔR表示准备金（基础货币或初始货币）的变动量，则有

$$\Delta D=\Delta R+（1-r_d）\Delta R+(1-r_d)^2\Delta R+\cdots+(1-r_d)^{n-1}\Delta R=\dfrac{1}{r_d}\Delta R=500（万元）$$

②货币乘数为法定准备率的倒数所必须具备的条件。

商业银行没有超额储备，即商业银行的存款扣除法定准备金后的部分能全部贷放出去。

银行的一部分款项如果贷不出去，就会成为银行的超额准备金。超额准备金与活期存款的比率称为超额准备率（用r_e表示）。有超额准备金时，货币创造乘数变为

$$k=\dfrac{\Delta D}{\Delta R}=\dfrac{1}{r_d+r_e}$$

如果客户将得到的贷款不全部存入银行，而抽出一定比例的现金留在手上，又会改变货币乘数。若用r_e表示公众手持现金与活期存款总额的比率，则货币乘数就变为

$$k = \frac{\Delta D}{\Delta R} = \frac{1}{r_d + r_e + r_c}$$

3. 完整的货币创造乘数与影响货币供给量的因素

（1）基础货币。

商业银行的准备金总额（包括法定的和超额的）与非银行部门持有的通货的总和，称为基础货币。它是存款扩张的基础，会派生出更多的货币（活期存款），因此又称高能货币或强力货币。

如果用 C_u 表示非银行部门持有的通货，用 R_d 表示法定准备金，用 R_e 表示超额准备金，H 表示基础货币，则有 $H = C_u + R_d + R_e$。

（2）完整的货币创造乘数的公式。

完整的货币创造乘数是指货币供给量与基础货币的比率。若用 M 表示货币，H 表示基础货币，则完整的货币创造乘数 $k = \dfrac{M}{H}$，其中 $M = C_u + D$。从而有

$$k = \frac{M}{H} = \frac{C_u + D}{C_u + R_d + R_e} = \frac{\dfrac{C_u}{D} + \dfrac{D}{D}}{\dfrac{C_u}{D} + \dfrac{R_d}{D} + \dfrac{R_e}{D}} = \frac{r_c + 1}{r_c + r_d + r_e}$$

（3）影响货币供给量的因素。

根据上式可以得到货币供给量 $M = \dfrac{r_c + 1}{r_c + r_d + r_e} H$。可以看到，货币供给量的多少取决于：①央行。决定基础货币和法定准备率。②商业银行。商业银行的超额准备率。③公众。公众手持现金率。首先，央行的作用最大，央行首先决定基础货币与法定准备率。其次，如果央行规定的准备率过高，就会使得商业银行的超额准备率在正常情况下等于零。最后，公众的手持现金率也常常是稳定的，不会剧烈变动。因此，货币供给量就被假定为仅由央行决定的一个外生变量。

4. 货币政策工具

货币政策是指央行通过调节货币供给量来影响利率，进而影响投资和总需求的政策。货币政策工具主要有三个：

（1）再贴现率政策。

再贴现率是中央银行对商业银行及其他金融机构的贷款利率，根据该利率，银行和其他金融机构可以向中央银行通过票据贴现的方式借取准备金。

①作用机制。

贴现率降低→银行贴现增加→准备金增加→货币供给量增加；

相反，贴现率提高→银行贴现减少→准备金减少→货币供给量减少。

②贴现率政策工具不具有主动性。

贴现率对货币供给量的影响比人们想象的要小得多。因为贴现率不是一个具有主动性

的政策，一方面，如果商业银行不向中央银行借款，贴现率的变动就没有效果；另一方面，当商业银行十分缺乏准备金时，即使贴现率很高，商业银行依然会从贴现窗口借款。

③贴现率政策作用较小的原因。

事实上，商业银行和其他金融机构总是尽量避免去贴现窗口借款，以免被人误认为自己财务状况有问题。而且，在贴现窗口的借款期限很短，借款数量也有一定的限制。所以，商业银行和其他金融机构一般只将它作为紧急求援手段，平时很少利用。

贴现率政策往往作为补充手段而和公开市场业务政策结合在一起使用。一般来说，当公开市场业务成功地把利息率提高或降低到某一水平时，中央银行也必须把贴现率提高或降低到与该水平相协调的数值。因此，在更多的情况下，再贴现率主要是跟随市场利率，以防止商业银行的投机套利行为。

（2）公开市场业务。

公开市场业务是指中央银行在金融市场上公开买卖政府证券以调节货币供给量的行为。

①作用机制。

央行购买债券使得商业银行和其他存款机构准备金增加，在货币创造乘数既定条件下，货币供给量就会增加。当央行出售债券时，情况则相反。

②公开市场业务优势。

公开市场业务是现代央行最主要的货币政策工具。因为运用这种政策手段能够比较准确而又及时地控制银行体系的准备金和货币供给量，操作主动且灵活，能及时纠正失误。

（3）变动法定准备率。

法定准备金率的高低因银行的类型、存款的种类、存款期限和数额等不同而有所差别。

作用机制：r_d 下降→k 增加→M 增加，即法定准备金率降低，货币创造乘数扩大，货币供给增加；反之，法定准备金率提高，货币创造乘数缩小，货币供给减少。

法定准备率常常保持稳定。因为中央银行如果频繁地改变法定准备率，不仅会导致货币供给量的剧烈变动，并且会使商业银行感到无所适从，无法正常地开展业务。因此，改变法定准备率，是一个强有力但却不常用的货币政策工具。

（4）其他措施。

除了以上三种主要的政策工具之外，中央银行还运用其他的方式对商业银行的信贷规模进行控制，例如道义上的劝告。所谓道义上的劝告，就是中央银行运用自己在金融体系中的特殊地位和威望，以口头或书面谈话的方式指导商业银行的业务与决策，影响其贷款和投资的方向，达到控制信用规模的目的。

5. 货币政策效果的 IS-LM 图形分析

货币政策的效果同样不仅取决于 IS 曲线的斜率，而且还取决于 LM 曲线的斜率。

（1）IS 曲线的斜率对货币政策效果的影响。

当 LM 曲线的斜率不变时，IS 曲线越平坦即斜率的绝对值越小，LM 曲线的移动对国民收入变动的影响就越大，货币政策效果越大；IS 曲线越陡峭即斜率的绝对值越大，LM 曲线的移动对国民收入变动的影响就越小，货币政策效果越小。

IS 曲线斜率之所以能够影响货币政策效果，是因为 IS 曲线的斜率主要是由投资的利率系数决定的。IS 曲线越陡峭，IS 曲线斜率的绝对值越大，投资的利率系数越小，当货币供给量增加使 LM 曲线向右移动而导致利率下降时，投资不会增加许多，国民收入增加就越小，即货币政策的效果越小。IS 曲线越平坦，表示投资的利率系数较大，当货币供给量的增加导致利率下降时，投资将增加许多，国民收入水平将有较大幅度的提高，货币政策的效果就大。

（2）LM 曲线的斜率对货币政策效果的影响。

IS 曲线的斜率不变时，LM 曲线斜率越大，即 LM 曲线越陡峭，货币政策使 LM 曲线移动导致的国民收入变动就越大，即货币政策效果越大；LM 曲线斜率越小即 LM 曲线越平坦，LM 曲线的移动对国民收入产生的影响就越小，即货币政策效果就越小。

LM 曲线的斜率对货币政策效果的影响与货币需求的利率弹性有关。货币供给量增加相同时，当 LM 曲线斜率较大即 LM 曲线较陡峭时，货币需求的利率系数就较小，或者说，货币需求对利率的反应较不敏感，意味着一定货币供给的增加使利率下降得较多，导致投资和国民收入增加得较多。LM 曲线斜率越小即 LM 曲线越平坦，表示货币需求的利率系数越大，货币供给的增加会使利率下降得较少。总之，在 LM 曲线比较陡峭时，货币当局实行的扩张性货币政策能使利率下降得较多，并且利率的下降对投资产生较大的刺激作用，这种货币政策的效果就越大；在 LM 曲线比较平坦时，货币政策的效果就小。

6. 货币政策的局限性

第一，从反衰退的作用看，在通货膨胀时期实行紧缩的货币政策可能效果比较显著，但在经济衰退时期，由于存在所谓流动性陷阱，因此，实行扩张的货币政策效果就不明显。即使从反通货膨胀看，货币政策的作用主要表现于反对需求推动的通货膨胀，而对成本推进的通货膨胀，货币政策效果就很小。

第二，就货币市场均衡而言，增加或减少货币供给要影响利率的话，必须以货币流通速度不变为前提；否则，货币供给变动的影响就要打折扣。

第三，货币政策作用的外部时滞也影响政策效果。

第四，开放经济中货币政策效果受国际资金流动的影响。

（四）两种政策的混合使用

1. 政策的选择

尽管这两种政策都可以增加总需求，使国民收入增加，但两者还是有一定的差别。

货币政策的实施是通过对利率的影响来影响总需求的，因此，其主要是刺激对利率的变动非常敏感的那些投资支出与消费支出——尤其是住房建筑投资。财政政策如何影响总需求的各组成部分则取决于采取的是何种具体的政策措施。政府购买支出的增加将使总需求与国民收入增加，消费水平也由于国民收入的提高而提高，但由于利率水平的提高会部分地挤占私人投资，私人投资将受到影响；所得税的减少和转移支付的增加，都将使消费水平得以提高，从而导致总需求和国民收入增加，但由于利率的提高，其仍然会影响投资，投资将会因利率上升而减少；只有对投资进行直接补贴，才会使投资增加，尽管利率也会上升，但它是先有投资增加而后才有利率上升。

由此可见，决策者在进行决策时，如果要刺激总需求就需考虑究竟要刺激总需求的哪一部分。如果要刺激私人投资，最好使用财政政策中的投资补贴政策；要是刺激投资中的住房建设，就应采取货币政策；若刺激消费，则可通过增加转移支付和减少所得税的财政政策来实现。当然，要治理萧条，就要分析引起萧条的因素是投资不足还是消费不足。无论如何，只有找到了问题的根源，才能对症下药，政策才能取得明显效果。另外，不同政策的选择还会对不同的人群产生不同的影响，社会政治问题也是影响决策的因素。

2. 财政政策和货币政策的搭配使用

从 IS-LM 模型的分析中可以看出，能使政策效果得以最好发挥的方法是将财政政策和货币政策配合起来使用。

如果政府可以有多种政策选择，就要做出权衡取舍，在实现充分就业均衡的同时，兼顾其他政策目标的实现。例如，当经济处于萧条状态但不十分严重时，政府可采用扩张性财政政策和紧缩性货币政策的组合，以扩张性财政政策刺激总需求，又以紧缩性货币政策抑制通货膨胀。因为扩张性财政政策尽管会产生挤出效应，但对刺激总需求还是有一定的作用的，而紧缩性货币政策通过减少货币的供给量可以抑制由于货币供给量过多而引起的通货膨胀。当经济发生严重的通货膨胀时，政府可采用紧缩性财政政策和紧缩性货币政策的组合，通过紧缩货币提高利率，从货币供给方面控制通货膨胀；通过紧缩财政，降低总需求水平，从需求方面抑制通货膨胀，同时防止利率上升过高。当经济中出现通货膨胀但又不十分严重时，政府可采用紧缩性财政政策和扩张性货币政策的组合，通过紧缩财政压缩总需求，消除财政赤字，但又通过扩张性货币政策降低利率，刺激总需求，以防止由于财政过度紧缩引起的衰退。当经济严重萧条时，政府可采用扩张性财政政策和扩张性货币政策的组合，这样能有力地刺激经济。扩张性财政政策使总需求增加，但提高了利率水平，用扩张性的货币政策可以抑制利率的上升，以克服扩张性财政政策的挤出效应，在保持利率水平不变的情况下，刺激了经济。

三、本章复习与思考题答案

1. 什么是财政政策和货币政策？为什么财政政策和货币政策可以用来调节经济？

答：财政政策是指政府变动税收和支出以影响总需求进而影响就业和国民收入的政策。货币政策是指货币当局即中央银行通过银行体系变动货币供给量来调节总需求的政策。无论是财政政策还是货币政策都是通过影响利率、消费、投资进而影响总需求，使就业和国民收入得到调节。

2. 什么是自动稳定器？是否边际税率越高，税收作为自动稳定器的作用越大？

答：自动稳定器又称内在稳定器，是指经济系统本身存在一种会减少各种干扰对国民收入冲击的机制，能够在经济繁荣时期自动抑制通货膨胀，在经济萧条时期自动减轻经济衰退。自动稳定器的内容包括政府所得税制度、政府转移支付制度、农产品价格维持制度等。

边际税率越高，税收作为自动稳定器的作用越大。这一点可以从比例税条件下的支出乘数 k 中得出。在边际消费倾向一定的条件下，边际税率 t 越大，支出乘数越小，自发投资冲击带来的总需求的波动就越小，自动稳定器的作用就越大。

3. 什么是斟酌使用的财政政策和货币政策？

答：斟酌使用的财政政策就是为确保经济稳定，政府要审时度势，逆经济风向行事，主动采取一些措施稳定总需求水平。在经济萧条时，政府要采取扩张性的财政政策，削减税收、降低税率、增加政府支出，以刺激总需求；在经济过热时，政府要采取紧缩性的财政政策，增加税收、削减政府开支，以抑制总需求的增加，进而遏制通货膨胀。

斟酌使用的货币政策就是当总需求不足、失业增加时，央行要实行扩张性的货币政策，即增加货币供应量，降低利率，从而刺激总需求；在总需求过高，央行就要采取紧缩性的货币政策，即减少货币供应量，提高利率，降低总需求水平，以解决通货膨胀问题。斟酌使用的货币政策也要逆经济风向行事。

4. 平衡预算的财政思想和功能财政思想有何区别？

答：平衡预算的财政思想主要分年度平衡预算、周期平衡预算和充分就业平衡预算三种。年度平衡预算，要求每个财政年度收支平衡。周期平衡预算是指政府收支在一个经济周期中保持平衡。充分就业平衡预算是指政府应当使支出保持在充分就业条件下所能达到的净税收水平。平衡预算的财政思想强调的是财政收支平衡，以此作为预算目标或者说政策的目的。

功能财政思想是凯恩斯主义者的财政思想。凯恩斯认为，政府应从反经济周期的角度来考虑财政预算，而不应单纯用财政预算收支平衡的观点来考虑该问题。政府为了实现充分就业和消除通货膨胀，需要赤字就赤字，需要盈余就盈余。功能财政的目标是追求无通货膨胀的充分就业。

5. 政府购买和转移支付这两项中哪一项对总需求变动的影响更大？朝什么方向变动？

答：政府购买和政府转移支付都会影响总需求。其中转移支付随经济周期波动更大，并朝反周期方向波动，因为经济衰退时，失业津贴、贫困救济、农产品价格补贴等支出会自动增加，经济繁荣时，这些支出会自动减少，而政府购买则变动较少，因为国防费、教育经费以及政府行政性开支等有一定刚性，不可能随经济周期波动很大。

6. 政府发行的公债卖给中央银行和卖给商业银行或者其他私人机构对货币供给量变动会产生什么样的不同影响？

答：政府发行的公债卖给中央银行，是政府的货币筹资，实际上就是让央行增发货币，增加基础货币，货币供给量会大量增加，其结果往往是形成通货膨胀；而政府发行的公债卖给商业银行或者其他私人机构，不过是购买力向政府部门转移，不会增加基础货币，不会直接引起通货膨胀，这是政府的债务筹资。

7. 什么是货币创造乘数？其大小主要和哪些变量有关？

答：货币创造乘数是指货币供给量与基础货币的比率。若用 M 表示货币，H 表示基础货币，则货币创造乘数 $k = \dfrac{M}{H}$。其中 $M = C_u + D$。从而有

$$k = \frac{M}{H} = \frac{C_u + D}{C_u + R_d + R_e} = \frac{\dfrac{C_u}{D} + \dfrac{D}{D}}{\dfrac{C_u}{D} + \dfrac{R_d}{D} + \dfrac{R_e}{D}} = \frac{r_c + 1}{r_c + r_d + r_e}$$

从上式可见，现金存款比率、法定准备率和超额准备率越大，货币乘数越小。

8. IS 曲线和 LM 曲线的斜率对财政政策效果有何影响？

答：（1）IS 曲线的斜率对财政政策效果的影响

当 LM 曲线不变时，IS 曲线斜率的绝对值越大，即 IS 曲线越陡峭，政府收支变化使 IS 曲线发生的移动时，导致国民收入的变化就越大，财政政策的效果就越大；IS 曲线斜率的绝对值越小，即 IS 曲线越平坦，则 IS 曲线发生移动时导致国民收入的变化就越小，财政政策效果也就越小。

（2）LM 曲线的斜率对财政政策效果的影响

当 IS 曲线的斜率给定不变时，财政政策的效果取决于 LM 曲线的斜率。LM 曲线斜率的绝对值越大，即 LM 曲线越陡峭，财政政策使 IS 曲线移动时对利率的影响越大，导致国民收入的变动越小，也就是说财政政策效果越小；LM 曲线的斜率越小，LM 曲线越平坦，IS 曲线移动时将导致国民收入发生较大的变动，即财政政策效果越大。

9. IS 曲线和 LM 曲线的斜率对货币政策效果有何影响？

答：（1）IS 曲线的斜率对货币政策效果的影响

当 LM 曲线的斜率不变时，IS 曲线越平坦即斜率的绝对值越小，LM 曲线的移动对国民收入变动的影响越大，货币政策效果越大；IS 曲线越陡峭即斜率的绝对值越大，LM 曲线的移动对国民收入变动的影响就越小，货币政策效果越小。

（2）LM 曲线的斜率对货币政策效果的影响

IS 曲线的斜率不变时，LM 曲线斜率越大，即 LM 曲线越陡峭，货币政策使 LM 曲线移动导致的国民收入变动就越大，即货币政策效果越大；LM 曲线斜率越小即 LM 曲线越平坦，LM 曲线的移动对国民收入产生的影响就越小，即货币政策效果就越小。

10. 在要不要政府干预经济的问题上，西方经济学家有哪两种不同意见？

答：一些经济学家考虑到政府预测能力有限、政策的时滞以及公众对政策的反应，不主张对经济波动做人为干预，相信市场本身会对经济的变动作出自动调整；然而凯恩斯主义者则坚持稳定经济的政策是必要的、有效的。他们认为，经济在遭受来自需求或供给方的冲击后会衰退，工资和价格并不能迅速调整到市场出清状态，如不采取稳定政策，经济恢复需要较长时间，给社会带来长期痛苦。

11. 在按什么规则调节经济的问题上，西方经济学家有哪些不同意见？

答：按什么规则调节经济的问题实际上是要不要政府干预经济问题的延续。以货币政策为例，西方经济学家就提出过以下几种不同的政策规则。

第一种是稳定比率货币供应量增长的规则，亦即弗里德曼提出的所谓"单一规则"；第二种是以名义 GDP 为目标变量的政策规则；第三种是以一定的名义通胀率为目标变量的政策规则；第四种是以一定的真实利率作为操作变量的政策规则，亦即泰勒规则。

12. 凯恩斯主流经济学家的收入政策和人力政策主张，同供给学派的供给政策主张的出发点和侧重点有何区别？

答：凯恩斯主流经济学家的收入政策和人力政策只是其宏观财政政策和货币政策，即需求管理政策的配角，而供给学派的供给管理政策主张则是直接作为凯恩斯主义学派的需求管理政策的对立面而出现的。凯恩斯主义的收入政策即实行以管制工资—物价为主要内容的政策，人力政策则是改进劳动市场状况，消除劳动市场不完全性，以便克服失业和通货膨胀进退两难的困境。供给学派的供给管理政策主张的核心是强调激励的作用，认为激励意味着对工作、储蓄、投资和企业家才能的足够的报酬。为了增强激励，供给学派提出来一套供给管理的政策思想，其核心是减税，特别是要降低高边际税率。

13. 假定政府没有实行财政政策，国民收入水平的提高可能导致（　　　　）。

　　A. 政府支出增加　　　　　　　　　B. 政府税收增加
　　C. 政府税收减少　　　　　　　　　D. 政府财政赤字增加

解析：B。因为国民收入水平的提高，在税率不变的情况下，税收会增加。

14. 扩张性财政政策对经济的影响是 (   )。

    A. 缓和了经济萧条但增加了政府债务

    B. 缓和了萧条也减轻了政府债务

    C. 加剧了通货膨胀但减轻了政府债务

    D. 缓和了通货膨胀但增加了政府债务

解析：A。因为扩张性财政政策往往用来对付经济萧条，而在经济萧条时，政府收入下降，扩张性财政政策往往就增加了政府债务。

15. 挤出效应发生于 (   )。

    A. 货币供给减少使利率提高，挤出了对利率敏感的私人部门支出

    B. 私人部门增税，减少了私人部门的可支配收入和支出

    C. 政府支出增加，提高了利率，挤出了对利率敏感的私人部门支出

    D. 政府支出减少，引起消费支出下降

解析：C。因为挤出效应是扩张性财政政策的造成的。

16. 市场利率提高，银行的准备金会 (   )。

    A. 增加   B. 减少

    C. 不变   D. 以上几种情况都有可能

解析：B。商业银行是追求利润最大化的，市场利率提高，贷款出去获利更大，商业银行就越不想多留准备金。

17. 中央银行降低再贴现率，会使银行准备金 (   )。

    A. 增加   B. 减少

    C. 不变   D. 以上几种情况都有可能

解析：A。中央银行降低再贴现率会使商业银行增加贴现，从而准备金增加。

18. 中央银行在公开市场卖出政府债券是试图 (   )。

    A. 收集一笔资金帮助政府弥补财政赤字

    B. 减少商业银行在中央银行的存款

    C. 减少流通中的基础货币以紧缩货币供给

    D. 通过买卖债券获取差价利益

解析：C。公开市场业务是中央银行主要的货币政策工具之一，中央银行在公开市场卖出政府债券就是要紧缩货币供给。

19. 假定现金存款比率 $r_c = = 0.38$，准备率（包括法定的和超额的）$r = 0.18$，试问货币创造乘数为多少？若增加基础货币 100 亿美元，货币供给变动多少？

答：依题意，可知货币创造乘数为 $k_m \dfrac{1+r_c}{r_c+r} = \dfrac{1.38}{0.56} = 2.46$。

若增加基础货币 100 亿美元，则货币供给增加 $\Delta M = 100 \times 2.46 = 246$（亿美元）。

20. 假定法定准备率是 0.12，没有超额准备金，对现金的需求是 1 000 亿美元。

（1）假定总准备金是 400 亿美元，货币供给是多少？

（2）若中央银行把准备率提高到 0.2，货币供给变动多少？（假定总准备金仍是 400 亿美元。）

（3）中央银行买进 10 亿美元政府债券（存款准备率仍是 0.12），货币供给变动多少？

答：（1）由于没有考虑现金存款比率问题，因此，货币创造乘数是准备率的倒数。于是，货币供给 M＝现金＋银行存款＝1 000＋400/0.12＝4 333.33（亿美元）。

（2）若法定准备率提高到 0.2，则银行存款＝400/0.2＝2 000（亿美元），而现金仍然是 1 000 亿美元，因此，货币供给 M＝现金＋银行存款＝1 000＋2 000＝3 000（亿美元），货币供给减少了 1 333.33 亿美元。

（3）中央银行买进 10 亿美元政府债券，即基础货币增加 10 亿美元，则货币供给增加：

$$\Delta M = 10 \times \frac{1}{0.12} = 83.33 \text{（亿美元）}$$

四、本章课后辅导题

一、名词解释

1. 自动稳定器　2. 斟酌使用的财政政策　3. 挤出效应　4. 功能财政

5. 基础货币　6. 法定准备率　7. 财政政策　8. 货币政策

二、单项选择题

1. 在经济中不具有内在稳定器作用的是（　　）。

　　A. 累进税率制

　　B. 政府购买支出直接随国民收入水平变动

　　C. 社会保障支出和失业保险

　　D. 农产品维持价格

2. 宏观货币政策和宏观财政政策的区别在于（　　）。

　　A. 前者主要用来对付经济萧条，后者主要用来对付通货膨胀

　　B. 前者主要通过改变投资支出发生作用，后者主要通过影响消费支出发生作用

　　C. 前者主要通过利率来影响总需求，后者主要通过政府支出和税收的变化来影响总需求

　　D. 以上三者都是

3. 中央银行在公开市场上买进政府债券将导致商业银行的存款（　　）。

　　A. 不变　　　　　　　　　　　　B. 增加

C. 减少   D. 以上三种情况都可能

4. 在经济衰退时期，一般（   ）。

    A. 税收减少，政府支出减少   B. 税收减少，政府支出增加

    C. 税收增加，政府支出减少   D. 税收增加，政府支出增加

5. 假设政府开始时无债务，第一年赤字为 800 亿元，第二年赤字为 700 亿元，第三年赤字为 400 亿元，第四年盈余 300 亿元，第四年年底，政府债务为（   ）

    A. 1 900 亿元   B. 1 600 亿元

    C. 2 200 亿元   D. 1 500 亿元

6. 货币主义者认为，衡量或调节经济的变量应是（   ）。

    A. 利率水平   B. 价格水平

    C. 货币供给量   D. 失业率水平

7. 凯恩斯主义认为财政政策的主要目标是（   ）。

    A. 实现财政收支平衡

    B. 实现充分就业

    C. 尽量增加政府税收，增加政府预算盈余

    D. 合理安排政府支出，使之效益最大

8. 政府通过把债券卖给中央银行来筹资的方法称为（   ）。

    A. 债务筹资   B. 信贷筹资

    C. 准备金筹资   D. 货币筹资

9. 要用降低法定准备率的方法来增加货币供给量，其前提条件是（   ）。

    A. 商业银行保留超额准备金   B. 商业银行不保留超额准备金

    C. 商业银行不追求最大利润   D. 商业银行关心国内经济形势

10. 下列哪一项不会增加财政的预算赤字？（   ）

    A. 政府债务的利息增加   B. 政府购买的物品与劳务增加

    C. 政府转移支付增加   D. 间接税增加

11. 要消除通货紧缩缺口，政府应该（   ）。

    A. 增加公共工程支出   B. 减少福利支出

    C. 增加税收   D. 允许预算出现盈余

12. 要消除严重的通货膨胀，政府可以选择的货币政策有（   ）。

    A. 提高法定准备率   B. 降低再贴现率

    C. 买进政府债券   D. 劝说银行新增贷款

13. 中央银行降低再贴现率的货币政策作用有限，其原因有（   ）。

    A. 中央银行不能命令商业银行增加贷款

    B. 中央银行不能命令商业银行前来借款

    C. 商业银行前来借款多少由自己决定

D. 上述情况都有可能

14. 西方财政制度本身具有自动稳定经济的作用，这种自动稳定器的内容不包括（　　）。

A. 所得税制度   B. 政府的转移支付制度

C. 公债发行制度   D. 农产品价格维持制度

15. 实行紧缩性财政政策一般会形成（　　）。

A. 财政预算赤字   B. 财政预算平衡

C. 抵消以前年度的财政赤字   D. 抵消以前年度的财政盈余

16. 宏观经济政策寻求（　　）。

A. 消除非自愿失业，维持经济的持续增长

B. 使通货膨胀降到零

C. 降低利率以使家庭面对一个更公平的利率水平

D. 为每个公民提供有公平工资的工作

17. 下列不属于政府转移支付的有（　　）。

A. 对政府雇员支出   B. 社会福利支出

C. 政府对农业的补贴   D. 对失业支出

18. 经济萧条时，政府可采用的财政手段有（　　）。

A. 减少所得税   B. 增加政府支出

C. 增加私人投资津贴   D. 上述三种情况都可以

19. 当总需求小于总供给时，中央银行可以（　　）。

A. 在公开市场上买进债券   B. 在公开市场上卖出债券

C. 提高贴现率   D. 提高准备金率

20. 充分就业允许存在的失业类型有（　　）。

A. 摩擦性失业   B. 周期性失业

C. 非自愿失业   D. 以上情况都可以

21. 货币供给减少使 LM 曲线左移，若要均衡收入变动接近于 LM 曲线的移动量，则必须（　　）。

A. LM 曲线陡峭，IS 曲线也陡峭   B. LM 曲线和 IS 曲线都平坦

C. LM 曲线陡峭，而 IS 曲线平坦   D. LM 曲线平坦，而 IS 曲线陡峭

22. 当一国采用扩张性财政政策，而同时采用紧缩性的货币政策时，一定会使（　　）。

A. 产出上升，利率上升   B. 产出上升，利率不确定

C. 产出不确定，利率上升   D. 产出不确定，利率下降

23. 下列哪种情况中"挤出效应"可能较小？（　　）

A. 货币需求对利率敏感，私人部门支出对利率不敏感。

B. 货币需求对利率敏感，私人部门支出对利率敏感。

C. 货币需求对利率不敏感，私人部门支出对利率不敏感。

D. 货币需求对利率不敏感，私人部门支出对利率敏感。

24. 当经济发生严重通货膨胀时，政府应采取的政策组合为（　　）。

A. 扩张性财政政策，紧缩性货币政策

B. 紧缩性财政政策，紧缩性货币政策

C. 紧缩性财政政策，扩张性货币政策

D. 扩张性财政政策，扩张性货币政策

25. 在 IS 曲线斜率不变的情况下，LM 曲线斜率越大，说明（　　）

A. 财政政策效果越大　　　　　B. LM 曲线越平坦

C. 挤出效应越大　　　　　　　D. 挤出效应越小

三、判断题

1. 凯恩斯认为，充分就业是指失业仅限于摩擦失业和自愿失业。（　　）

2. 总支出水平过高时，政府可以提高购买支出，以抑制通货膨胀。（　　）

3. 政府税收制度不具有自动稳定经济的作用。（　　）

4. 当要减少货币供给量时，中央银行应降低再贴现率。（　　）

5. 政府用于修筑公路的支出是一种福利支出。（　　）

6. 增加税收和增加政府支出都属于扩张性的财政政策。（　　）

7. 在总需求不足时，政府可采取扩张性的财政政策来抑制衰退。（　　）

8. 平衡预算财政思想认为政府为实现充分就业和消除通货膨胀，需要赤字就赤字，需要盈余就盈余。（　　）

9. 货币创造乘数和法定准备率之间具有反向变动的关系。（　　）

10. 货币政策工具主要有再贴现率政策，公开市场业务和道义劝告。（　　）

11. 投机需求的利率系数越大，货币政策的效果越大。（　　）

12. 在凯恩斯陷阱中，由于挤出效应等于零，所以财政政策和货币政策都十分有效。（　　）

13. 挤出效应越大，财政政策对经济活动的影响越大。（　　）

14. IS 和 LM 曲线的交点一般位于中间区域，说明财政政策和货币政策都有效。（　　）

15. 扩张性的财政政策和货币政策同时使用，在引起利率上升的同时会使产出增加。（　　）

四、简答题

1. 宏观经济政策的目标有哪些？

2. 公开市场业务这一货币政策工具有哪些优点？

3. 自动稳定器由哪些制度构成？其局限性有哪些？

4. 中央银行的职责有哪些？

5. 补偿性财政政策的局限性有哪些?

五、计算题

1. 假定经济满足 $Y=C+I+G$, 且消费 $C=800+0.8Y$, 投资 $I=700-200r$, 货币需求 $L=0.2Y-800r$, 名义货币供给量为 600, 价格水平为 1。求: 政府支出从 700 增加到 800 时, 政府支出的增加挤占了多少私人投资?

2. 假定货币需求 $L=0.2Y$, 货币供给 $M=240$, 消费函数 $C=145+0.75Y_d$, 税收 $T=60$, 投资函数 $I=160-5r$, 政府支出 $G=80$。试求:

(1) IS、LM 方程和均衡收入、利率、投资。

(2) 若其他情况不变, 政府支出 G 变为 100, 则均衡收入、利率、投资又为多少?

(3) 是否存在挤出效应。

3. 假定货币需求 $L=0.2Y-5r$, 货币供给 $M=100$, 消费函数 $C=40+0.8Y_d$, 税收 $T=50$, 投资 $I=140-10r$, 政府支出 $G=50$。试求:

(1) IS、LM 方程和均衡收入、利率和投资。

(2) 当政府支出从 50 增加到 80, 均衡收入、利率和投资又各为多少?

(3) 为什么均衡收入的增加量小于 IS 曲线的右移量?

4. 已知消费函数 $C=150+0.5Y$, 投资函数 $I=200-10r$, 货币供给 $M=180$, 交易性需求 $L_1=0.25Y$, 投机需求 $L_2=50-10r$。试求:

(1) IS、LM 方程以及均衡收入、利率和投资。

(2) 若边际消费倾向改变为 0.6, 为维持原投资水平, 中央银行应如何调整货币供给?

5. 假设一经济社会的消费函数 $C=600+0.8Y$, 投资函数 $I=400-50r$, 政府购买 $G=200$, 货币需求函数 $L=250+0.5Y-125r$, 货币供给 $M=1\ 250$ (单位均为亿美元)。试求:

(1) IS、LM 方程以及均衡收入、利率。

(2) 若充分就业的国民收入 $Y=5\ 000$, 若用增加政府购买来实现充分就业, 需增加多少政府购买?

六、论述题

论述中央银行的货币政策工具主要有哪些?

五、本章课后辅导题答案及分析

一、名词解释

1. 自动稳定器, 也称内在稳定器, 是指经济系统本身存在的一种会减少各种干扰国民收入冲击的机制, 能够在经济繁荣时期自动抑制通胀, 在经济衰退时期自动减轻萧条，无需政府采取任何行动。

2. 斟酌使用的财政政策：由于自动稳定器的作用有限，特别是对于剧烈的经济波动，自动稳定器更是难于扭转，因此，为确保经济稳定，政府要审时度势，主动采取一些财政措施，即变动支出水平或税收以稳定总需求水平，使之接近物价稳定的充分就业水平，即为斟酌使用的财政政策。

3. 挤出效应，是指政府支出的增加，使得利率上升，进而使得了私人消费或投资降低的效应。

4. 功能财政，指以财政预算能否实现物价稳定、充分就业为目标，而不论预算是否盈余或赤字的积极性财政政策思想。

5. 基础货币，是存款扩张的基础，等于商业银行的准备金总额加上非银行部门持有的通货。由于它会派生出货币，因此是一种高能量的或者说活动力强大的货币，故又称高能货币或强力货币。

6. 法定准备率，银行可以把吸收来的绝大部分存款用于贷款或购买短期债券等营利活动，只需留下一部分存款作为应付提款需要的准备金。在现代银行制度中，这种准备金在存款中起码应当占的比率是由政府规定的。这一比率称为法定准备率。

7. 财政政策，是指政府变动税收和支出以影响总需求进而影响就业和国民收入的政策。

8. 货币政策，是指货币当局即中央银行通过银行体系变动货币供给量来调节总需求的政策。

二、单项选择题

1. B。政府支出的自动变化主要是政府的转移支付的自动变化，而不是政府购买支出。

2. C。货币政策和财政政策都影响总需求，但货币政策能通过利率影响投资、消费等，进而影响总需求

3. B。中央银行在公开市场上买进政府债券，意味着货币供给量增加，商业银行的存款也会增加。

4. B。经济衰退时产出下降，税收减少，但此时政府会用扩张型财政政策刺激经济，政府支出就增加。

5. B。$300 - (800 + 700 + 400) = -1\,600$。

6. C。这是货币主义者的基本观点之一。

7. B。凯恩斯主义的财政思想是功能财政，其最终目标是实现充分就业。

8. D。这是政府筹资的方式之一，政府筹资的另一种方式是债务筹资。

9. B。降低法定准备率的目的是降低银行的准备金，增加货币供给量，如果商业银行保留超额准备金，就达不到增加货币供给量的目标。

10. D。间接税是政府的一种收入，间接税增加会减少赤字。

11. A。有通货紧缩缺口时，经济处于萧条时期，政府增加公共工程支出可直接刺激经济。

12. A。变动法定准备率作用猛烈，在对付严重的通货膨胀时，政府可以选择提高法定准备率，紧缩货币。

13. D。中央的再贴现率政策使央行不具有主动性，其缺点即为 A、B、C。

14. C。财政制度本身具有的自动稳定器通过 A、B、D 起作用。

15. C。实行紧缩性财政政策意味着增税和减少政府支出，会产生预算盈余，从而抵消以前年度的财政赤字。

16. A。消除非自愿失业，维持经济的持续增长是宏观经济政策目标之一。

17. A。对政府雇员支出属于政府购买支出。

18. D。经济萧条时，政府应实施扩张性财政政策，如减税. 增加支出. 增加投资津贴等。

19. A。总需求小于总供给时，说明经济处于萧条时期，中央银行在公开市场上买进债券，抛出货币，可以刺激经济。

20. A。凯恩斯认为，充分就业允许存在的失业类型是摩擦性失业和自愿失业。

21. C。本题考查在什么情况下货币政策效果较好。

22. C。反向配合使用两种政策时，产出变化不确定，利率变化确定，本题表现为利率上升。

23. A。本题考查影响挤出效应的因素：h、k、d、β 与挤出效应的关系。

24. B。当经济发生严重通货膨胀时，采取双紧的政策组合效果最好。

25. C。此时移动 IS 曲线，利率上升很大，私人投资下降较多，产生的挤出效应较大。

三、判断题

1. 对。这是凯恩斯对于充分就业的解释。

2. 错。总支出水平过高时，政府应降低购买支出，降低总需求。

3. 错。政府税收制度是自动稳定器的构成之一。

4. 错。中央银行降低再贴现率会增加货币供给量。

5. 错。修筑公路支出属于政府购买支出。

6. 错。增加税收属于紧缩性的财政政策。

7. 对。总需求不足说明经济处于萧条，政府应采取扩张性财政政策。

8. 错。功能财政思想认为政府为实现充分就业和消除通货膨胀，需要赤字就赤字，需要盈余就盈余。

9. 对。由简单的货币创造乘数（$1/r_d$）可知上述关系成立。

10. 错。货币政策工具主要有再贴现率政策，公开市场业务和调整法定准备金率。

11. 错。投机需求的利率系数大，说明 h 大，货币供给量变动对利率影响就小，货币政策的效果就小。

12. 错。在凯恩斯陷阱中，由于人们持有货币的动机十分强烈，所以货币政策无效。

13. 错。挤出效应是扩张性财政政策的副作用，其越大，则财政政策对经济活动的影响越小。

14. 对。在 LM 曲线的凯恩斯区域和古典区域中，财政政策和货币政策只有一种有效，在中间区域，财政政策和货币政策往往都有效。

15. 错。双扩政策同时使用，会引起产出增加，利率一升一降难以确定。

四、简答题

1. 答：宏观经济政策的四大目标是充分就业、价格稳定、经济增长和国际收支平衡。

充分就业是指包含劳动在内的一切生产要素都以愿意接受的价格参与生产活动的状态。价格稳定是指价格总水平的稳定。经济增长是指在一个时期内经济社会所生产的人均产量或者人均收入的持续增长。国际收支平衡是指一国在一定时期从国外收进的全部货币资金和向国外支付的全部货币资金的平衡关系。

上述宏观经济政策的目标并不总是一致的，也就是说，政府不总是能同时实现以上所有的目标。

2. 答：（1）公开市场业务，是指中央银行在金融市场上公开买卖政府债券的行为。当经济出现衰退迹象时，中央银行在公开市场买进政府债券，货币供给扩张，利率下降，能达到刺激投资和总需求的目的。若经济出现膨胀的趋势，中央银行就通过在公开市场上卖出政府债券以达到抑制总需求和控制通货膨胀的目的。

（2）其优点是：中央银行可及时地按照一定规模买卖政府债券，从而比较容易准确地控制银行体系的准备金；公开市场操作很灵活，因而便于中央银行及时用来改变货币供给变动的方向，变买进为卖出证券，立即就有可能使增加货币供给变为减少货币供给；中央银行可以连续地、灵活地进行公开市场操作，自由决定有价证券的数量、时间和方向，而且中央银行即使有时会出现某些政策失误，也可以及时得到纠正。

3. 答：自动稳定器又称内在稳定器，是指经济系统本身存在的一种会减少各种干扰国民收入冲击的机制，能够在经济繁荣时期自动抑制通胀，在经济衰退时期自动减轻萧条，无需政府采取任何行动。自动稳定器主要通过政府税收制度、转移支付支出的自动变化以及农产品价格维持制度得到发挥。自动稳定器的局限性在于事后才发挥作用，且作用程度有限，只能轻微地减轻收入的波动，不能逆转经济的变动趋势，从而不能消除经济波动。

4. 答：中央银行是一国最高金融当局，管理全国金融活动，实施货币政策以影响经济。中央银行一般有三大职能：①发行货币。②管制商业银行。接受商业银行的存款，为商业银行提供贷款，规定商业银行的准备率，并为商业银行集中办理全国的结算业务。③作为国家的银行。代理国库，向政府提供所需资金，对外代表国家与外国发生金融业务关系，执行货币政策。

5. 答：财政政策使用的原则是逆经济风向行事：当经济衰退时，政府应采取扩张性财政政策以刺激总需求；当经济过度繁荣，出现通货膨胀时，政府应采取紧缩性财政政策以抑制总需求。这种交替使用的财政政策即为补偿性财政政策。

补偿性财政政策的局限性：时滞，主要是认识时滞和政策作用的时滞；不确定性，主要是乘数大小难以确定以及政策发挥作用，再达到目标这段时期内，总需求可能发生相反的变化的不确定性；外在的不可预测的随机干扰；财政政策的挤出效应；减税容易增税难。

五、计算题

1. 解：由 $Y=C+I+G$ 可知，$Y=800+0.8Y+700-200r+700$，即 $0.2Y=2\ 200-200r$，化简整理得，IS 曲线方程为，$Y=11\ 000-1\ 000r$。

当名义货币供给量为 600，价格水平为 1 时，实际货币供给量 $M=600$。根据 $L=M$，即 $0.2Y-800r=600$，化简整理得，LM 曲线方程为，$Y=3\ 000+4\ 000r$。

将 IS 和 LM 曲线方程联立，有 $11\ 000-1\ 000r=3\ 000+4\ 000r$，解得 $r=1.6$，$Y=9\ 400$，将 $r=1.6$ 代入投资函数，得 $I=380$。

当政府支出从 700 增加到 800 时，由 $Y=C+I+G$ 可知，$Y=800+0.8Y+700-200r+800$，即 $0.2Y=2\ 300-200r$，化简整理得，新的 IS 曲线方程为，$Y=11\ 500-1\ 000r$，与 LM 曲线方程联立，有 $11\ 500-1\ 000r=3\ 000+4\ 000r$，解得 $r=1.7$，$Y=9\ 800$，将 $r=1.7$ 代入投资函数，得 $I=360$。

所以，政府支出从 700 增加到 800 时，政府支出的增加挤占 20（$380-360=20$）个单位的私人投资。

2. 解：（1）由 $Y=C+I+G$ 及 $Y_d=Y-T$ 可知，$Y=145+0.75（Y-60）+160-5r+80$，即 $0.25Y=340-5r$，化简整理，得 IS 方程为 $Y=1\ 360-20r$；根据 $L=M$，即 $0.2Y=240$，化简整理，得 LM 方程为 $Y=1\ 200$，将 IS 与 LM 方程联立，解得均衡收入 $Y=1\ 200$，均衡利率 $r=8$；将 $r=8$ 代入投资函数，得 $I=120$。

（2）由 $Y=C+I+G$ 及 $Yd=Y-T$ 可知，$Y=145+0.75（Y-60）+160-5r+100$，即 $0.25Y=360-5r$，化简整理，得新的 IS 方程为 $Y=1\ 440-20r$，与 LM 方程联立，解得均衡收入 $Y=1\ 200$，均衡利率 $r=12$；将 $r=12$ 代入投资函数，得 $I=100$。

（3）由以上可知，政府支出的增加造成了投资的等量下降，存在完全的挤出效应。

3. 解：（1）由 $Y=C+I+G$ 及 $Yd=Y-T$ 可知，$Y=40+0.8（Y-50）+140-10r+50$，即 $0.2Y=190-10r$，化简整理，得 IS 方程为 $Y=950-50r$；根据 $L=M$，即 $0.2Y-5r=100$，化简整理，得 LM 方程为 $Y=500+25r$，将 IS 与 LM 方程联立，解得均衡收入 $Y=650$，均衡利率 $r=6$；将 $r=6$ 代入投资函数，得 $I=80$。

（2）由 $Y=C+I+G$ 及 $Yd=Y-T$ 可知，$Y=40+0.8（Y-50）+140-10r+80$，即 $0.2Y=$

$220-10r$，化简整理，得新的 IS 方程为 $Y=1\,150-50r$，与 LM 方程联立，解得均衡收入 $Y=700$，均衡利率 $r=8$；将 $r=8$ 代入投资函数，得 $I=60$。

（3）当政府支出从 50 增加到 80，IS 曲线向右移 150 单位，均衡收入的增加量为 50 单位，均衡收入的增加量小于 IS 曲线的右移量，原因在于当 LM 曲线不变，IS 曲线由于政府支出向右移动时，导致利率上升，挤占了私人投资。

4. 解：（1）由 $Y=C+I$ 可知，$Y=150+0.5Y+200-10r$，即 $0.5Y=350-10r$，化简整理，得 IS 方程为 $Y=700-20r$。

根据 $L=L1+L2=M$，即 $0.25Y+50-10r=180$，化简整理，得 LM 方程为 $Y=520+40r$。

将 IS 与 LM 方程联立，解得均衡收入 $Y=640$，均衡利率 $r=3$；将 $r=3$ 代入投资函数，得 $I=170$。

（2）若边际消费倾向改变为 0.6，则消费函数变为 $C=150+0.6Y$，由 $Y=C+I$ 可知，$Y=150+0.6Y+200-10r$，即 $0.4Y=350-10r$，化简整理，得新的 IS 方程为 $Y=875-25r$。

为维持原投资水平，则利率仍应为 $r=3$，代入新的 IS 方程 $Y=875-25r$，即 $Y=800$，将 $r=3$，$Y=800$ 分别代入 $L1=0.25Y$ 和 $L2=50-10r$，得 $L=L1+L2=220$，所以中央银行应相应增加货币供给 40。

5. 解：（1）由 $Y=C+I+G$ 可知，$Y=600+0.8Y+400-50r+200$，即 $0.2Y=1\,200-50r$，化简整理，得 IS 方程为 $Y=6\,000-250r$。

根据 $L=M$，即 $0.5Y+250-125r=1\,250$，化简整理，得 LM 方程为 $Y=2\,000+250r$；

将 IS 与 LM 方程联立，解得均衡收入 $Y=4\,000$，均衡利率 $r=8$。

（2）若充分就业的国民收入 $Y=5\,000$，在 LM 曲线不变时，则由 $Y=2\,000+250r$，即 $5\,000=2\,000+250r$，得 $r=12$。

将 $Y=5\,000$，$r=12$ 代入 $Y=C+I+G+\Delta G=600+0.8Y+400-50r+200+\Delta G$，即 $5\,000=600+0.8\times5\,000+400-50\times12+200+\Delta G$，解得 $\Delta G=400$（亿美元）

因此，若用增加政府购买来实现充分就业，需增加 400 亿美元的政府购买。

六、论述题

答：货币政策是指央行通过调节货币供给量来影响利率，进而影响投资和总需求的政策。中央银行货币政策工具主要有三个：公开市场业务、再贴现率政策和变动法定准备率三种。

公开市场业务，是指中央银行在金融市场上公开买卖政府债券以改变商业银行准备金水平并进而控制货币供给和利率的政策行为。当经济出现衰退迹象时，中央银行在公开市场买进政府债券，商业银行的准备金增加，债券价格上升，最终货币供给扩张，利率也会下降，这样便能达到刺激投资和总需求的目的。若经济出现膨胀的趋势，中央银行就通过在公开市场卖出政府债券以达到抑制总需求和控制通货膨胀的目的。公开市场业务以其灵活性、准确性和主动性成为中央银行控制货币供给的最主要手段。

贴现率政策是中央银行控制货币供给的另一种工具。由于贴现率影响到商业银行从中央银行获得借款的成本，因而中央银行可通过提高或降低贴现率以增加或减少商业银行的准备金，并进一步影响货币水平和利率，影响产出和就业。

法定准备金率的高低因银行的类型、存款的种类、存款期限和数额等不同而有所差别。政府可通过逆经济风向调整法定准备率以达到紧缩或扩张货币供给的目的。即当法定准备金率降低时，货币创造乘数扩大，货币供给增加；反之，当法定准备金率提高时，货币创造乘数缩小，货币供给减少。

此外，以上三种政策工具在实践中经常配合使用，如贴现率政策往往和公开市场业务政策结合在一起进行。一般来说，当公开市场业务成功地把利息率提高或降低到某一水平时，中央银行也必须把贴现率提高或降低到与该水平相协调的数值。

第七章

蒙代尔-费莱明模型

一、本章知识鸟瞰图

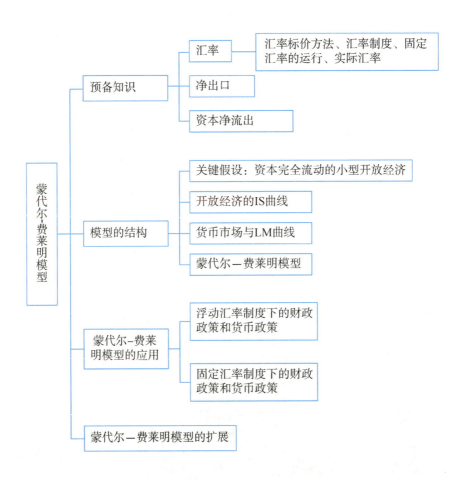

二、本章重点与难点

（一）预备知识：汇率、净出口和资本净流出

1. 汇率

汇率是一个国家的货币折算成另一个国家货币的比率，它表示的是两个国家货币之间的互换关系。

（1）汇率标价方法。

汇率主要有两种标价方法：一种是直接标价法，它以外币作为标准单位，以一定数额的本币表示对单位外币交换的比率。另一种是间接标价法，它以本国货币为标准单位折算成一定数额的外国货币。

在直接标价下，汇率直观地表现为交换一个单位的外币所需支付的本币数量，因此汇率又常常被称为外币的价格。汇率上升意味着外币升值、本币贬值，即外币变得更贵，汇率市场上外汇牌价中的数字变大；汇率下降则意味着外币贬值、本币升值，即外币变得更便宜，汇率市场上外汇牌价中的数字变小。

在间接标价下，一单位本国货币折算的外国货币增加，表示本国货币升值或外国货币贬值；一单位本国货币折算的外国货币减少，表示本国货币贬值或外国货币升值。

（2）汇率制度。

汇率制度是一国货币当局对本国货币与外币交换时汇率确定方法的安排与规定。安排与规定的内容不同汇率制度就不同。当今世界上的汇率制度主要有两大类：一种是固定汇率制度，一种是浮动汇率制度。

固定汇率制就是两国货币比价基本固定，汇率的波动被控制在一定幅度之内。为了维持固定汇率，一国的货币当局必须经常运用贴现政策工具调控市场汇率，或者动用黄金外汇储备平抑市场汇率的波动。当这些办法仍不能平衡汇率的波动时，货币当局也可以实行外汇管制乃至宣布货币法定贬值或升值来重新调整本币对其他各国货币的比价关系。

浮动汇率制就是货币当局不规定汇率波动的幅度，由外汇市场根据市场供求状况的变化自发决定汇率，政府不承诺维持固定汇率，对外汇市场一般也不进行干预。

（3）固定汇率制的运行。

在固定汇率制下，本国货币与外国货币之间的交换比率由一国的货币当局来决定。但是一国货币当局在决定本国货币与外国货币的交换比率时也不能随心所欲，而要有一定的依据，即要有一个平价或基准价。实行固定汇率制国家的政府在实际决定汇率时要考虑的因素很多，如本国经济实力、出口能力、吸引外资能力等。从理论上说，

决定汇率的依据主要是购买力平价。

（4）实际汇率

名义汇率并没有考虑到两个国家价格水平的情况，而考虑两国价格因素时，就涉及实际汇率的这一概念。汇率计算是汇率乘以外国的物价指数，再除以本国的物价指数。实际汇率反映了以同种货币表示的两国商品的相对价格水平，从而反映了本国商品的国际竞争力。

2. 净出口

在开放经济中，一个国家与外国的经济往来包括两方面的内容：一是商品与劳务的进出口和政府与私人转移支付的进出；二是为购买实物资本和金融资本而发生的资本流入和流出。前者反映在国际收支平衡表的经常项目上，后者反映在资本项目上。

3. 资本净流出

资本净流出是指本国居民购买的外国资产与外国人购买的本国资产之间的差额。即

$$资本净流出 = 本国居民购买的外国资产 - 外国人购买的本国资产$$

（二）模型的结构

1. 关键假设：资本完全流动的小型开放经济

蒙代尔-费莱明模型的一个关键假设是所考察的经济是资本能够完全流动的小型开放经济。这里"小型"是指所考察的经济只是世界市场的一小部分，利息率的影响微不足道，即所考察的小型开放经济中的利率 r 必定等于世界利率 r_w，即 $r = r_w$。

2. 开放经济的 IS 曲线

（1）开放经济的 IS 曲线表示为

$$y = c(y) + i(r) + g + nx(\varepsilon)$$

（2）蒙代尔-费莱明模型假设国内物价水平和国外物价水平都是固定的，则 IS^* 曲线表示为

$$y = c(y) + i(r_w) + g + nx(e)$$

（3）IS^* 曲线的图形如图 7-1 所示。IS^* 曲线是向右下方倾斜的，这是因为较高的汇率既减少了净出口，又减少了总收入。当其他因素不变时，政府购买增加时，IS^* 曲线向右移；政府购买减少时，IS^* 曲线向左移。

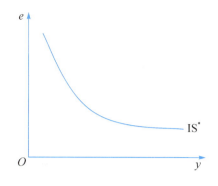

图 7-1　IS* 曲线

3. 货币市场与 LM 曲线

LM 曲线表示为：$\dfrac{M}{P}=L\ (r,\ y)$，再次加入国内利率等于世界利率的假设，即：

$$r=r_w$$

LM 曲线的图形如图 7-2 所示：

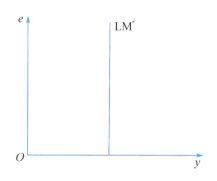

图 7-2　LM* 曲线

由图 7-2 可知，货币供应量 M 增加时，LM* 曲线向右移；M 减少时，LM* 曲线向左移。

4. 蒙代尔-费莱明模型

把前面说明的 IS* 曲线和 LM* 曲线方程式结合在一起就形成蒙代尔-费莱明模型（见图 7-3）：

$$y=c\ (y)\ +i\ (r_w)\ +g+\text{nx}\ (e)$$

$$\frac{M}{P}=L\ (r_w,\ y)$$

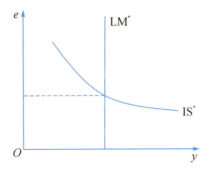

图7-3 蒙代尔-费莱明模型

（三）蒙代尔-费莱明模型应用

1. 浮动汇率下的财政政策和货币政策

在浮动汇率制度下，汇率由市场供求力量决定，汇率能自由变动。

（1）财政政策变动的影响。政府购买上升增加或税收减少（扩张性的财政政策），使 IS^* 曲线向右移动，汇率上升，但对收入没有影响。财政政策无效。如图7-4所示。

（2）货币政策变动的影响。中央银行增加货币供给（扩张性的货币政策），使 LM^* 曲线向右移动，汇率下降，国民收入增加。货币政策有效。具体如图7-5所示。

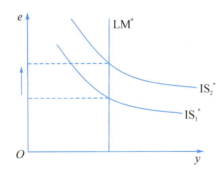

图7-4 浮动汇率制度下的财政扩张

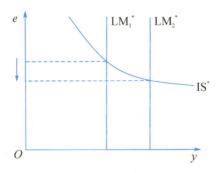

图7-5 浮动汇率制度下的货币扩张

2. 固定汇率下的财政政策和货币政策

（1）固定汇率下的财政政策的影响。假设政府实施扩张性的财政政策，IS^* 曲线向右移动，对汇率产生上升的压力；套利者对汇率作出的反映是把外汇卖给中央银行，这就会自动引起货币扩张，LM^* 曲线向右移动。因此，在固定汇率下财政扩张增加了总收入。具体如图 7-6 所示。

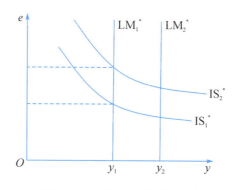

图 7-6　固定汇率下的财政扩张

（2）固定汇率下的货币政策的影响。假设中央银行增加货币供给（货币扩张），LM^* 曲线向右移动，对汇率产生下降的压力；套利者对汇率作出的反映是向中央银行出售本国通货，导致货币供给和 LM^* 曲线回到初始位置，货币政策无效。具体如图 7-7 所示。

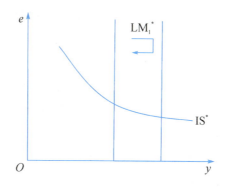

图 7-7　固定汇率下的货币扩张

3. 蒙代尔–费莱明模型中的政策小结

蒙代尔–费莱明模型说明了财政财政和货币政策对小型开放经济的影响都取决于汇率是浮动的还是固定的。在浮动汇率下，只有货币政策能影响收入；在固定汇率下，只有财政政策能影响收入。

三、本章复习与思考题答案

1. 均衡汇率是如何决定的? 影响汇率变化的因素有哪些?

答:(1)汇率是两个国家通货的相对物价,也像商品的价格一样,是由外汇的供给和对外汇的需求这两个方面相互作用,共同决定的。均衡汇率处于外汇供给曲线和需求曲线的交点。

(2)如果外汇的供求发生变化,则均衡的汇率就会发生变化,并按照新的供求关系达到新的均衡。从一般的意义上说,影响外汇需求曲线移动的因素和影响外汇供给曲线移动的因素都是影响汇率变化的因素。在现实中,经常提到的影响汇率变化的因素主要有进出口、投资或借贷、外汇投机、政府干预等。

2. 说明固定汇率制度的运行机制。

答:在固定汇率制下,一国中央银行随时准备按事先承诺的价格从事本币与外币的买卖。以美国为例,假定美联储宣布,它把汇率固定在每1美元兑换100日元。为了有效实行这种政策,美联储要有美元储备和日元储备。

一般来说,固定汇率的运行是会影响一国货币供给的。仍以美国为例,假定美联储宣布将把汇率固定在1美元兑换100日元,但由于某种原因,外汇市场均衡汇率是1美元兑换150日元。在这种情况下,市场上的套利者发现有获利机会:他们可以在外汇市场上用2美元购买300日元,然后将300日元卖给美联储,从中获利1美元。当美联储从套利者手中购买这些日元时,其向他们支付的美元自动地增加了美国的货币供给。货币供给以这种方式继续增加直到均衡汇率降到美联储所宣布的水平。

如果外汇市场均衡汇率为1美元兑换50日元,则市场的套利者通过用1美元向美联储购买100日元,然后在外汇市场上以2美元卖出这些日元而获利。而当美联储卖出这些日元时,它所得到的1美元就自动地减少了美国的货币供给。货币供给以这种方式继续下降直到均衡汇率上升到美联储所宣布的水平。

3. 假设一国的出口方程为 $X=A-my$。当 m 变大时,经济的 IS 曲线将发生什么变化? 当 A 增加时,IS 曲线又发生什么变化?

答:由所给条件,有如下开放经济下的产品市场均衡模型:

$$y=c+i+g+(x-m) \tag{1}$$

$$c=\alpha+\beta y_d \tag{2}$$

$$y_d=y-t-t_r \tag{3}$$

$$i=e-dr \tag{4}$$

$$g=g_0, \ t=t_0, \ t_r=t_{r_0} \tag{5}$$

$$x-m=X=A-my \tag{6}$$

将式（2）至式（6）分别代入式（1），可得

$$y = \frac{1}{1-\beta+m} \left[(\alpha+e+g-\beta t+\beta t_r+A) - dr \right] \tag{7}$$

或

$$r = \frac{(\alpha+e+g-\beta t+\beta t_r+A)}{d} - \frac{1-\beta+m}{d}y \tag{8}$$

从上式（8）可知，m 变大会使 IS 曲线向左移动，同时使 IS 曲线变得更陡峭。而 A 增加会使 IS 曲线向右平行移动。

4. 推导开放经济条件下政府购买乘数的表达式。

答：考虑如下的开放经济的宏观经济模型

$$y = c+i+g+x-m$$
$$c = a+\beta y_d$$
$$y_d = y-t-t_r$$
$$m = m_0+\gamma y$$

其中 i，g，t，t_r，x，m_0 为常数，β 为边际消费倾向，γ 为边际进口倾向。则可得

$$y = \frac{1}{1-\beta+\gamma} (\alpha+i+g-\beta t+\beta t_r+x-m_o)$$

所以政府购买乘数为

$$k_g = \frac{dy}{dg} = \frac{1}{1-\beta+\gamma}$$

5. 完全资本流动的含义是什么？在小国和大国模型中，资本完全流动带来的结果有什么不同？

答：完全资本流动是指一国居民可以完全进入世界金融市场，该国政府不阻止国际借贷。这意味着，该国在世界金融市场上想借入或借出多少就可以借入或借出多少。

小国模型中的"小国"是指该国只是世界市场的一小部分，其本身对世界利率的影响微不足道。在小国模型中，资本完全流动带来的结果是，该国的利率必定等于世界利率，即等于世界金融市场上的利率，即 $r=r_w$。

大国模型中的"大国"则是指该国经济对世界经济有不可忽视的重要影响，特别是该国经济足以影响世界金融市场。

对于大国模型，资本完全流动带来的结果是，该国的利率通常不由世界利率固定。其原因在于该国大到足以影响世界金融市场。该国给国外的贷款越多，世界经济中贷款的供给就越大，全世界的利率就越低。该国从国外借贷越多，世界利率越高。

6. 在资本完全流动的小国开放经济中，为什么国内的利率水平与国际利率水平总能保持一致？

答：在开放宏观经济学中，小国是指所考察的经济只是世界市场的一小部分，其本身对世界某些方面，特别是金融市场的影响微不足道。资本完全流动是指该国居民可以完全进入世界金融市场。特别是，该国政府不阻止国际借贷。

在资本完全流动的小国开放经济中，该国的利率 r 必定等于世界利率 r_w，即 $r=r_w$。原因如下：该国居民不会以任何高于 r_w 的利率借贷，因为他们总可以以 r_w 的利率从国外得到贷款。同样，该国居民也不必以低于 r_w 的利率放贷，因为他们总可以通过向国外借贷而获得 r_w 的收益率。

7. 用蒙代尔–弗莱明模型考察固定汇率下紧缩性货币政策的影响。

答：假定在固定汇率之下运行的一国中央银行试图减少货币供给。根据蒙代尔–弗莱明模型，这种政策的初始影响是使 LM^* 曲线向左移动，提高了汇率，如图7-8所示。

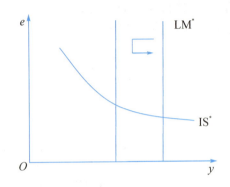

图7-8　固定汇率下的货币紧缩

但是，该国中央银行承诺按固定汇率交易本国与外国的通货。根据固定汇率的运行机制，套利者对汇率上升作出的反应是向中央银行购买本国通货，这导致本国货币供给增加，进而使 LM^* 曲线向右移动，直到回复到其初始的位置。根据模型，在固定汇率下货币政策通常不能够影响产出，因而是无效的。

8. 用蒙代尔弗莱明模型考察浮动汇率下紧缩性货币政策的影响。

答：假定一国政府采用紧缩性的财政政策抑制国内支出，在理论上，这种政策可以使 IS^* 曲线向左移动，如图7-9所示。

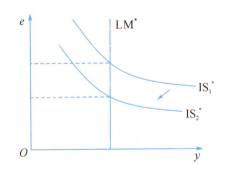

图7-9　固定汇率下的财政紧缩

在浮动汇率下，汇率由市场供求力量决定，汇率会对经济状况的变动作出反应，自由变动。根据蒙代尔–弗莱明模型，IS^* 曲线向左移动后，汇率下降，而收入水平保持不变。这意味着，在蒙代尔–弗莱明模型中，紧缩性财政政策在浮动汇率下对产出或收入不产生影响，因而是无效的。

四、本章课后辅导题

一、名词解释

1. 汇率　2. 直接标价　3. 间接标价　4. 实际汇率　5. 固定汇率

二、单项选择题

1. 如果英镑的汇率是 2 美元，那么美元的汇率是（　　　）。

 A. 2 英镑   B. 1 英镑

 C. 0.5 英镑   D. 无法确定

2. 在浮动汇率制度下，一国的货币同其他国家货币的汇率是（　　　）。

 A. 基本固定   B. 保持不变

 C. 不固定   D. 绝对固定

3. 如果本币升值，则可以使（　　　）。

 A. 本国的进、出口都增加   B. 本国的出口增加，进口减少

 C. 本国的进、出口都减少   D. 本国的出口减少，进口增加

4. 在固定汇率制度下，一国的货币同其他国家货币的汇率是（　　　）。

 A. 基本固定   B. 保持不变

 C. 不固定   D. 绝对固定

5. 在资本全部流动的情况下，固定汇率的财政政策（　　　）。

 A. 无效   B. 有效

 C. 不确定   D. 以上都不对

6. 在资本全部流动的情况下，固定汇率的货币政策（　　　）。

 A. 无效   B. 有效

 C. 不确定   D. 以上都不对

7. 在资本全部流动的情况下，浮动汇率的财政政策（　　　）。

 A. 无效   B. 有效

 C. 不确定   D. 以上都不对

8. 在资本全部流动的情况下，浮动汇率的货币政策（　　　）。

 A. 无效   B. 有效

 C. 不确定   D. 以上都不对

9. 在资本全部流动的情况下，浮动汇率的扩张性财政政策将使收入（　　　）。

 A. 不变   B. 增加

 C. 减少   D. 以上都不对

10. 在资本全部流动的情况下，固定汇率的扩张性货币政策（　　　）。

A. 不变   B. 增加

C. 减少   D. 以上都不对

三、简答题

1. 简述在资本完全流动情况下，固定汇率制度的货币政策效应。

2. 简述南-北关系。

五、本章课后辅导题答案及分析

一、名词解释

1. 汇率是一个国家的货币折算成另一个国家货币的比率，它表示的是两个国家货币之间的互换关系。

2. 直接标价法是以外币作为标准单位，以一定数额的本币表示对单位外币交换的比率。

3. 间接标价法是以本国货币为标准单位折算成一定数额的外国货币。

4. 实际汇率是两国产品的相对价格，是用同一种货币来度量的国外与国内价格水平的比率。

5. 固定汇率是指一国货币同他国货币的汇率基本固定。

二、单项选择题

1. C。1 美元兑换 0.5（1/2）英镑。

2. C。在浮动汇率制度下，一国货币同其他国家货币的汇率是不断变动的。

3. D。本币升值意味着外国商品的本币价格下降，因此本国进口增加；同时，本币升值意味着本国商品的外币价格上升，因此本国的出口减少。

4. A。固定汇率制是指一国货币同他国货币的汇率基本固定，其波动限于一定的幅度之内。

5. B。假设政府实施扩张性的财政政策，IS^* 曲线向右移动，对汇率产生上升的压力；套利者对汇率作出的反应是把外汇卖给中央银行，这就会自动引起货币扩张，LM^* 曲线向右移动。因此，在固定汇率下财政扩张增加了总收入，财政政策有效。

6. A。假设中央银行增加货币供给（货币扩张），使 LM^* 曲线向右移动，对汇率产生下降的压力；套利者对汇率作出的反应是向中央银行出售本国通货，导致货币供给和 LM^* 曲线回到初始位置，货币政策无效。

7. A。政府购买增加或税收的减少（扩张性的财政政策），使 IS^* 曲线向右移动，汇率上升，但对收入没有影响，财政政策无效。

8. B。中央银行增加货币供给（扩张性的货币政策），LM^* 曲线向右移动，汇率下降，国民收入增加，货币政策有效。

9. A。略。

10. A。略。

三、简答题

1. 答：如果资本完全流动，中央银行实行扩张性的货币政策，最初会使 LM^* 曲线向右移动，对汇率产生下降的压力，但是由于中央银行承诺按照固定汇率交易本国与外国通货，因此套利者对汇率作出的反应是向中央银行出售本国通货，导致货币供给和 LM^* 曲线回到初始位置，货币政策无效。

2. 答：划分世界经济的一种常用方法是发达国家和发展中国家，前者通常称为北方，后者通常称为南方。"南-北"这一术语暗含着一个地理上的格局，世界上较富裕的国家大多数位于北半球，较贫穷的国家主要位于南半球。"南-北"这一术语产生于20 世纪 70 年代贫困国家的领导人呼吁建立"新的世界经济秩序"的运动中。

第八章

经济增长

一、本章知识鸟瞰图

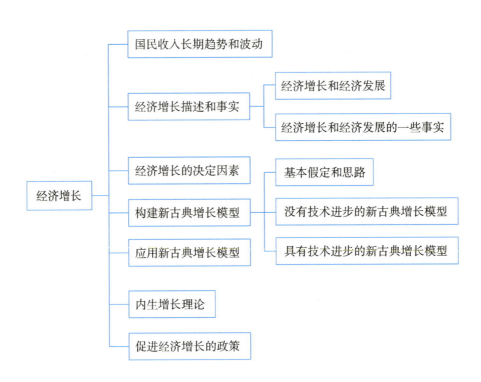

二、本章重点与难点

（一）经济增长的描述和事实

经济增长是产量的增加，这里的产量可以表示为经济的总产量，也可表示为人均产量。经济增长通常用经济增长率度量。

经济发展不仅包括经济增长，还包括国民的生活质量，以及整个社会经济结构和制度结构的总体进步。经济发展是反映一个经济社会总体发展水平的综合性概念。如果说经济增长是一个"量"的概念，那么经济发展就是一个"质"的概念。

（二）经济增长的决定因素

1. 增长的直接原因

经济增长的原因是复杂的，西方经济学家区分了经济增长的直接原因和基本原因。为了说明经济增长的决定因素，西方经济学者提出了如下方程：

$$Y_t = f(K_t, R_t, N_t, A_t, S_t)$$

式中，Y_t 为一个经济的总产出；K_t、R_t 和 N_t 分别表示资本存量、自然资源和劳动投入；A_t 表示该经济应用知识的储量；而变量 S_t 则代表基本因素，或称其为"社会文化环境"或"社会能力"。

2. 增长的根本原因

美国经济学家丹尼森把经济增长因素分为两大类：生产要素投入量和生产要素生产率。关于生产要素投入量，丹尼森把经济增长看成劳动、资本和土地的投入结果，其中土地可以看成不变的，其他两个则是可变的。关于要素生产率，丹尼森把它看成产量与投入之比，即单位投入量的产出量。要素生产率主要取决于资源配置状况、规模经济和知识进展。具体讲，影响经济增长的因素包括六个：劳动、资本存量的规模、资源配置状况、规模经济、知识进展和其他因素。

（三）构建和分析新古典增长模型

1. 基本假定和思路

新古典增长模型有如下几个假定：①社会储蓄函数为 $S = sY$，s 为储蓄率。②劳动力按照一个不变的比率 n 增长。③技术水平不变。④生产的规模报酬不变。⑤在完全竞争的市场条件下，劳动和资本是可以通过市场调节而充分地相互替代。

根据以上四个假定，生产函数可以表示为人均形式：

$$y = f(k)$$

式中，y 为人均产量，k 为人均资本量。$y=f(k)$ 表示，人均产量取决于人均资本量，人均资本量的增加会使人均产量增加，但是，由于报酬递减规律，人均资本量会以递减的速度增长。

2. 新古典经济增长模型的基本方程

新古典经济增长模型的基本方程为

$$sy = \Delta k + (n+\delta)k$$

式中，sy 为人均储蓄，Δk 为人均资本增量。$(n+\delta)k$ 由两部分组成，一部分是 nk——人均储蓄中用于购买新增劳动力的花费，另一部分是 δk——人均储蓄中用于替换旧资本的花费，即人均折旧量。$(n+\delta)k$ 被称为资本广化。人均储蓄中超过资本的广化的部分会使人均资本增加，即 $\Delta k > 0$，Δk 就是资本深化。因此，新古典经济增长模型的基本方程可以表述为：人均储蓄是资本深化与资本广化之和，或者说，人均储蓄用于资本深化与资本广化两部分。

3. 稳态及其条件

稳态是指一种长期稳定、均衡的状态，是人均资本与人均产量达到均衡数值并维持在均衡水平不变。在稳态下，k 和 y 达到一个持久的水平。这就是说，要实现稳态，资本深化为零，即人均储蓄全部用于资本广化。因此，稳态条件是：$sy = (n+\delta)k$。稳态时，$\Delta k = 0$。

虽然在稳态时 y 和 k 的数值不变，但总产量 Y 与总资本存量 K 都在增长。由于 $y = \dfrac{Y}{N}$、$k = \dfrac{K}{N}$，所以，总产量 Y 与总资本存量 K 的增长率必须与劳动力数量 N 的增长率 n 相等。这就是说，在稳态时，总产量与总资本存量的增长率相等，且都与劳动力的增长率 n 相等，即：

$$\frac{\Delta Y}{Y} = \frac{\Delta Y}{Y} = \frac{\Delta Y}{Y} = n$$

我们还可以用图形来分析稳态，如图 8-1 所示。

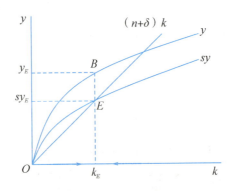

图 8-1 经济增长的稳态

由于 $0 < s < 1$，故储蓄曲线 sy 与人均生产函数曲线 y 的形状相同；又由于 $sy < y$，所

以储蓄曲线 sy 位于人均生产函数曲线 y 下方。资本广化曲线 $(n+\delta)k$ 是通过原点、向右上方倾斜的直线。

由于 $sy=(n+\delta)k$ 是稳态条件，所以，稳态时，sy 曲线与 $(n+\delta)k$ 曲线一定相交，交点是 E 点。稳态时的人均资本为 k_E，人均产量为 y_E，人均储蓄量为 sy_E，此时，$sy_E=(n+\delta)k_E$，即人均储蓄正好全部用来为增加的劳动力购买资本品（花费为 nk_E）和替换旧的资本品（花费为 δk_E），人均资本没有变化（即 $\Delta k=0$）。

从图 8-1 中可以看出，在 E 点之左，sy 曲线高于 $(n+\delta)k$ 曲线，表明人均储蓄大于资本广化，存在着资本深化即 $\Delta k>0$。这时，人均资本 k 有增多的趋势，人均资本 k 会逐步地增加，逐渐接近于 k_E。当 k 的数量为 k_E 即 $k=k_E$ 时，经济实现稳定状态。反之，在 E 点之右，人均储蓄小于资本广化，即 $sy<(n+\delta)k$，此时有 $\Delta k<0$，人均资本 k 有下降趋势。人均资本 k 的下降会一直持续到 k_E 的数量上，达到稳态。

以上论述表明，当经济偏离稳定状态时，无论是人均资本过多还是过少，经济都会在市场力量的作用下恢复到长期、稳定、均衡状态。

显然，新古典增长模型"稳定、均衡"的结论与哈罗德-多马经济增长模型"稳定、均衡的极小可能性及经济的剧烈波动"的结论存在着重大差别。

（四）内生增长理论

内生增长理论（the theory of endogenous growth）是产生于 20 世纪 80 年代中期的一个西方宏观经济理论分支，其核心思想是经济能够不依赖外力推动实现持续增长，内生的技术进步是保证经济持续增长的决定因素，强调不完全竞争和收益递增。

（五）促进经济增长的政策

决定经济增长的三个因素是技术进步、资本形成和劳动投入。政府可以通过鼓励技术进步、鼓励资本形成、增加劳动供给以及建立适当制度的方式促进经济增长。

三、本章复习与思考题答案

1. 说明经济增长与经济发展的关系。

答：经济增长是产量的增加，这里的产量可以表示为经济的总产量，也可表示为人均产量。经济增长通常用经济增长率度量。

经济发展不仅包括经济增长，还包括国民的生活质量，以及整个社会经济结构和制度结构的总体进步。经济发展是反映一个经济社会总体发展水平的综合性概念。如果说经济增长是一个"量"的概念，那么经济发展就是一个"质"的概念。

2. 经济增长的源泉是什么?

答:关于经济增长的源泉,宏观经济学通常借助于生产函数来研究。宏观生产函数把一个经济中的产出与生产要素的投入及技术状况联系在一起。设宏观生产函数为

$$Y_t = A_t f(L_t, K_t)$$

式中,Y_t、L_t 和 K_t 顺次为 t 时期的总产出、投入的劳动量和投入的资本量,A_t 代表 t 时期的技术状况,则可以得到一个描述投入要素增长率、产出增长率与技术进步增长率之间关系的方程,即增长率的分解式:

$$G_Y = G_A + \alpha G_L + \beta G_K$$

式中,G_Y 为产出的增长率;G_A 为技术进步增长率;G_L 和 G_K 分别为劳动和资本的增长率。α 和 β 为参数,它们分别是劳动和资本的产出弹性。

从增长率分解式可知,产出的增加可以由三种力量(或因素)来解释,即劳动、资本和技术进步。换句话说,经济增长的源泉可被归结为劳动和资本的增长以及技术进步。

有时,研究者为了强调教育和培训对经济增长的潜在贡献,还把人力资本作为一种单独的投入写进生产函数。所谓人力资本是指体现在个人身上的获取收入的潜在能力的价值,它包括天生的能力和才华以及通过后天教育训练获得的技能。当把人力资本作为一种单独投入时,按照上述分析的思路可知,人力资本也可以被归为经济增长的源泉之一。

3. 什么是新古典增长模型的基本公式?它有什么含义?

答:新古典增长模型的基本公式为

$$\Delta k = sy - (n+\delta) k$$

其中 k 为人均资本,y 为人均产量,s 为储蓄率,n 为人口增长率,δ 为折旧率。

上述关系式表明,人均资本的增加等于人均储蓄 sy 减去 $(n+\delta) k$ 项。$(n+\delta) k$ 项可以这样来理解:劳动力的增长率为 n,一定量的人均储蓄必须用于装备新工人,每个工人占有的资本为 k,这一用途的储蓄为 nk。另外,一定量的储蓄必须用于替换折旧资本,这一用途的储蓄为 δk。总计为 $(n+\delta) k$ 的人均储蓄被称为资本广化。人均储蓄超过 $(n+\delta) k$ 的部分则导致了人均资本 k 的上升,即 $\Delta k > 0$,这被称为资本深化。因此,新古典增长模型的基本公式可以表述为:资本深化 = 人均储蓄 - 资本广化。

4. 在新古典增长模型中,储蓄率的变动对经济有哪些影响?

答:在新古典增长模型中,一方面,储蓄率上升会导致人均资本上升,而人均收入是人均资本的增函数,因而储蓄率上升会增加人均产量,直到经济达到新的均衡为止。储蓄率下降的结果则相反。另一方面,储蓄率的变动不能影响到稳态的增长率,从这点上说,储蓄率的变动只有水平效应,没有增长效应。

5. 在新古典增长模型中，人口增长对经济有哪些影响？

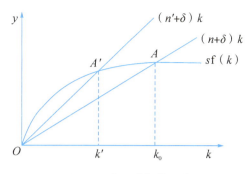

图 8-2　人口增长的影响

答：新古典增长理论虽然假定劳动力按一个不变的比率 n 增长，但当把 n 作为参数时，就可以说明人口增长对产量增长的影响。如图 8-2 所示。

图 8-2 中，经济最初位于 A 点的稳态均衡。现在假定人口增长率从 n 增加到 n'，则图中的 $(n+\delta)k$ 线便发生移动变为 $(n'+\delta)k$ 线，这时，新的稳态均衡为 A' 点。比较 A' 点与 A 点可知，人口增长率的增加降低了人均资本的稳态水平（从原来的 k_0 减少到 k'），进而降低了人均产量的稳态水平。这是从新古典增长理论中得出的又一重要结论。西方学者进一步指出，人口增长率上升导致人均产量下降正是许多发展中国家面临的问题。两个有着相同储蓄率的国家仅仅由于其中一个国家比另一个国家的人口增长率高，就可以有非常不同的人均收入水平。

对人口增长进行比较静态分析得出的另一个重要结论是，人口增长率的上升增加了总产量的稳态增长率。理解这一结论的要点在于：一方面，懂得稳态的真正含义，并且注意到 A' 点和 A 点都是稳态均衡点；另一方面，由于 A 点和 A' 点都是稳态，故人口增加对人均资本和人均产量的增长率都不产生影响。

6. 推导某一时期总产量、人均产量和人口这三者增长率之间的关系。

答：用 y 表示人均产量，Y 表示总产量，N 表示人口数。由于 $y=\dfrac{Y}{N}$，两边同取对数得

$$\ln y = \ln Y - \ln N$$

两边同时对 t 求导得

$$\frac{\mathrm{d}y/\mathrm{d}t}{y} = \frac{\mathrm{d}Y/\mathrm{d}t}{Y} - \frac{\mathrm{d}N/\mathrm{d}t}{N}$$

所以得出：$G_y = G_Y - G_N$。其中 G_y 为人均产量的增长率，G_Y 为总产量的增长率，G_N 为人口增长率。说明人均产量的增长率可以表示为总产量的增长率与人口增长率之差。

7. 说明实际经济周期理论。

答：实际经济周期理论是新古典宏观经济学的代表性理论之一。该理论的基本观点为：一是技术冲击是经济波动之源。实际经济周期理论认为技术冲击能够引起产出、

消费、投资和就业等实际变量的波动。在种种实际冲击中，由于技术冲击对经济活动的影响最持久，因此技术冲击是经济周期之源。二是经济周期所产生的产出波动不是实际 GDP 对潜在 GDP 的背离，而是潜在 GDP 本身的变动。三是即使在短期，货币也是中性的。货币量的变化不能引起产出和实际就业量等实际变量的变化。

8. 在新古典增长模型中，人均生产函数为 $y = f(k) = 2k - 0.5k^2$，人均储蓄率为 0.3，人口增长率为 0.03，求：

（1）使经济均衡增长的 k 值。

（2）与黄金律相对应的人均资本量。

解：（1）当经济达到稳态时：$sf(k) = nk$，其中 s 为人均储蓄率，n 为人口增长率。

根据题意可得：$0.3(2k - 0.5k^2) = 0.03k$，计算得出：$k = 3.8$。

（2）根据题意，有 $f'(k) = n$，于是，$2 - k = 0.03$，得 $k = 1.97$。

因此，与黄金律相对应的稳态的人均资本量为 1.97。

9. 设一个经济的人均生产函数为 $y = \sqrt{k}$。如果储蓄率为 28%，人口增长率为 1%，技术进步速度为 2%，折旧率为 4%，那么，该经济的稳态产出为多少？如果储蓄率下降到 10%，而人口增长率上升到 4%，则该经济的稳态产出为多少？

解：因为经济稳态条件为：$sf(k) = (n + g + \delta)k$，其中 s 为储蓄率，n 为人口增长率，δ 为折旧率。

根据题意可得：$0.28 = (0.01 + 0.02 + 0.04)k$，计算出 $k = 16$，从而得出 $y = 4$，即为稳态产出。

同理可得：如果 $s = 0.1$，$n = 0.04$，则 $k = 1$，$y = 1$，即此时稳态产出为 1。

10. 已知资本增长率 $G_K = 2\%$，劳动增长率 $G_L = 0.8\%$，产出增长率 $G_Y = 3.1\%$，资本的国民收入份额 $\alpha = 0.25$，在这些条件下，技术进步对经济增长的贡献为多少？

解：根据经济增长核算方程分解式：$G_Y = G_A + \alpha G_L + \beta G_K$，$\alpha + \beta = 1$，可得：劳动的国民收入份额为：$\beta = 1 - \alpha = 0.75$。

可得：资本和劳动对经济增长的贡献为

$0.25 \times 2\% + 0.75 \times 0.8\% = 1.1\%$

因此，技术进步对经济增长的贡献为：$3.1\% - 1.1\% = 2\%$。

11. 设一个经济中的总量生产函数为

$$Y_t = A_t f(N_t, K_t)$$

式中 Y_t、N_t 和 K_t 分别为 t 时期的总产量、劳动投入量和资本投入量；A_t 为 t 时期的技术状况。试推导经济增长的分解式，并加以解释。

解：可对生产函数 $Y_t = A_t f(N_t, K_t)$ 关于时间 t 求全导数，得

$$\frac{dY_t}{dt} = f(N_t, K_t)\frac{dA_t}{dt} + A_t\frac{\partial f}{\partial N_t} \cdot \frac{dN_t}{dt} + A_t\frac{\partial f}{\partial K_t} \cdot \frac{dK_t}{dt} \tag{1}$$

然后将式①两边同除以 Y_t，化简后得

$$\frac{\mathrm{d}Y_t/\mathrm{d}t}{Y_t} = \frac{\mathrm{d}A_t/\mathrm{d}t}{At} + \frac{\partial \mathrm{f}/\partial N_t}{\mathrm{f}(N_t, K_t)} \times \frac{\mathrm{d}N_t}{\mathrm{d}t} + \frac{\partial \mathrm{f}/\partial K_t}{\mathrm{f}(N_t, K_t)} \times \frac{\mathrm{d}K_t}{\mathrm{d}t} \tag{2}$$

经恒等变形，上式又可表示为

$$\frac{\mathrm{d}Y_t/\mathrm{d}t}{Y_t} = \frac{\mathrm{d}A_t/\mathrm{d}t}{At} + \frac{\partial f}{\partial N_t} \times \frac{N_t}{\mathrm{f}(N_t, K_t)} \times \frac{\mathrm{d}N_t/\mathrm{d}t}{N_1} + \frac{\partial f}{\partial K_t} \times \frac{K_t}{\mathrm{f}(N_t, K_t)} \times \frac{\mathrm{d}K_t/\mathrm{d}t}{sK_t} \tag{3}$$

上式中，如果 $a = \dfrac{\partial f}{\partial N_t} \times \dfrac{N_t}{\mathrm{f}(N_t, K_t)}$，$b = \dfrac{\partial f}{\partial K_t} \times \dfrac{K_t}{\mathrm{f}(N_t, K_t)}$，并用 gA 表示 $\dfrac{\mathrm{d}At/\mathrm{d}t}{At}$，用 gN 表示 $\dfrac{\mathrm{d}N_t/\mathrm{d}t}{N_t}$，用 gK 表示 $\dfrac{\mathrm{d}K_t/\mathrm{d}t}{K_t}$，用 gY 表示 $\dfrac{\mathrm{d}Y_t/\mathrm{d}t}{Y_t}$，则式③变为

$$gY = gA + agN + bgK \tag{4}$$

式（4）即为增长的分解式，其含义为总产量的增长率被表示为劳动增长率、资本增长率和技术进步的加权平均。

12. 在新古典增长模型中，总量生产函数为 $Y = F(K, L) = K^{\frac{1}{3}} L^{\frac{2}{3}}$。

（1）求稳态时的人均资本量和人均产量。

（2）用这一模型解释"为什么我们如此富裕，而他们那么贫穷"。

（3）求出与黄金律相对应的储蓄率。

解：（1）根据已知的总量生产函数，可得人均生产函数为：$y = k^{\frac{1}{3}}$，根据在新古典增长模型中的稳态条件为：$sf(k) = nk$，即 $sk^{\frac{1}{3}} = nk$，其中 s 为储蓄率，n 为人口增长率。

所以稳态的人均资本量为

$$k^* = \left(\frac{s}{n}\right)^{\frac{3}{2}}$$

将其代入人均生产函数，可得稳态的人均产量为：$y^* = (k^*)^{\frac{1}{3}} = \left(\dfrac{s}{n}\right)^{\frac{1}{2}}$。

（2）由上小题可知，当一个国家的储蓄率高、人口增长率低时，该国的稳态人均资本和人均产量就相对较高；反之，则正好相反。因此，根据这里的模型，我们可以用储蓄率和人口增长率的差异来解释"为什么我们如此富裕，而他们那么贫穷"这个问题。

（3）根据黄金律所要求的资本存量应满足的条件：$f'(k) = n$，可得

$$\frac{1}{3} k^{-\frac{2}{3}} = n$$

当经济处于稳态时，$k^* = \left(\dfrac{s}{n}\right)^{\frac{3}{2}}$。

所以得出：$\frac{1}{3}\left[\left(\frac{s}{n}\right)^{\frac{3}{2}}\right]^{-\frac{2}{3}}=n$，可得 $s=\frac{1}{3}$，即为黄金律相对应的储蓄率。

13. 设在新古典增长模型的框架下，生产函数为 $Y=F(K, L)=\sqrt{KL}$。

（1）求人均生产函数 $y=f(k)$。

（2）若不存在技术进步，求稳态下的人均资本量、人均产量和人均消费量。

解：（1）根据题意可得人均生产函数：

$$y=f(k) \Rightarrow y=\frac{Y}{L}=\frac{\sqrt{KL}}{L}=\left(\frac{K}{L}\right)^{\frac{1}{2}}=k^{\frac{1}{2}}$$

（2）设人口增长率为 n，储蓄率为 s，折旧率为 δ，人均消费为 c，根据稳态条件 $sy=(n+\delta)k$ 可得：$sk^{\frac{1}{2}}=(n+\delta)k$，进一步可得人均资本：$k^*=\left(\frac{s}{n+\delta}\right)^2$。

然后将人均资本代入人均生产函数可得人均产量：$y^*=\frac{s}{n+\delta}$。

则人均消费为

$$c^*=y-(n+\delta)k=y-sy=(1-s)k^{\frac{1}{2}}=\left(\frac{(1-s)s}{n+\delta}\right)$$

14. 在新古典增长模型中，已知生产函数为 $y=2k-0.5k^2$，y 为人均产出，k 为人均资本，储蓄率 $s=0.1$，人口增长率 $n=0.05$，资本折旧率 $\delta=0.05$。试求：

（1）稳态时的人均资本和人均产量。

（2）稳态时的人均储蓄和人均消费。

解：（1）根据新古典增长模型的稳态条件：$sy=(n+\delta)k$，可得

$$0.1(2k-0.5k^2)=(0.05+0.05)k$$
$$0.1k(2-0.5k)=0.1k$$
$$2-0.5k=1$$
$$k=2$$

将稳态时的人均资本代入生产函数 $y=2k-0.5k^2$，得

$$y=2\times2-0.5\times2^2=4-\frac{1}{2}\times4=2$$

（2）根据题意，稳态时的人均储蓄函数为：$sy=0.1\times2=0.2$。

稳态时的人均消费为：$c=(1-s)y=(1-0.1)\times2=1.8$。

四、本章课后辅导题

一、名词解释

1. 经济周期　2. 经济增长　3. 有保证的增长率　4. 经济增长的黄金律

5. 经济发展

第八章 经济增长

二、单项选择题

1. 经济增长的基本标志是（　　　）。

    A. 人们的收入水平增加　　　　　B. 商品的数量和种类的增加

    C. 人们消费商品的质量增加　　　D. 人们的闲暇时间增加

2. 新古典综合派认为，之所以会发生周期性波动，是因为（　　　）。

    A. 乘数作用　　　　　　　　　　B. 加速数作用

    C. 乘数和加速数交互作用　　　　D. 外部经济因素变动

3. 下列关于资本广化的理解正确的是（　　　）。

    A. 给每个新增劳动力购买资本设备

    B. 给每个劳动力购买资本设备

    C. 给每个新增劳动力购买资本设备并补偿人均资本耗费

    D. 给每个劳动力都购买资本设备并补偿新增劳动力资本耗费

4. 在新古典经济模型中，经济稳定增长的条件是（　　　）。

    A. 人均资本增长率大于有效折旧

    B. 人均储蓄等于有效折旧

    C. 人均资本不断增大

    D. 国民收入的增长率等于劳动力的增长率

5. 储蓄率的提高会导致（　　　）。

    A. 不影响稳定状态中的资本增长率

    B. 产量增长率维持在更高的水平

    C. 稳定状态人均消费的增加

    D. 人均收入一直提高

三、简答题

1. 乘数原理和加速原理有什么联系和区别？

2. 根据时间的长短，经济周期的分类有哪些？

3. 在索洛模型中，储蓄率的变化如何影响稳态的产出水平？

4. 促进经济增长的政策有哪些？

四、计算题

1. 如果要使一国的产出年增长率从 6% 提高到 8%，在储蓄率为 15% 的条件下，根据新古典模型，相应地，资本–产出比应有何变化？

2. 已知资本–产出比为 5，假设国民收入为 1 200 亿美元，消费为 1 000 美元。按照哈罗德增长模型，要使该年储蓄全部转化为投资，第二年的增长率投资分别为多少？

3. 某一经济社会的边际消费倾向为 0.7，资本的边际生产率为 0.5，假设合意的资本产量比为 4，那么，根据哈罗德模型，该经济社会处于什么增长状态。

4. 一经济社会的资本存量 K 为400，劳动人口 L 为200，投资 I 为40，固定资产折旧率 τ 为 5%，平均消费倾向 c 为 0.8。求劳动人均产出水平和资本增长率。

五、论述题

1. 何谓经济周期？经济周期的各阶段有什么特征？

2. 经济波动为什么会有上限和下限的界限？

五、本章课后辅导题答案及分析

一、名词解释

1. 经济周期一般是指经济活动沿着经济发展的总体趋势所经历的有规律的扩大和收缩。

2. 经济增长是研究经济长期的趋势，着重分析总供给在长期的变动，用实际国民生产总值的增长率或人均实际国民生产总值的增长率来衡量经济增长。

3. 对于 $Gw=s/vr$，收入增长率是与企业家所需要的资本-产量比（vr）适合的收入增长率，是企业家感到满意的收入增长率，哈罗德把它称为"有保证的增长率"，用 Gw 表示。

4. 经济增长的黄金律是指在其他条件不变的前提下，资本深化等于零，如果一个经济体的目标是使人均消费最大化，那么所选择的人均资本量使得资本的边际产品等于劳动的增长率，那么每个人的消费就会达到最大。

5. 经济发展是指不仅包括经济增长，还包括国民生活质量，以及整个社会经济结构和制度结构的总体进步。

二、单项选择题

1. B。在宏观经济学中，经济增加被规定为产量的增加，因此商品数量和种类的增加是经济增长的基本标志。

2. C。参考乘数-加速数模型的基本思想。

3. C。参考新古典增长模型的基本方程。

4. D。根据新古典经济增长模型，经济稳定增长的基本条件是国民收入增长率等于劳动增长率。

5. B。根据新古典经济增长理论，储蓄率的增加确实能提高产出的稳态水平。

三、简答题

1. 答：在凯恩斯的国民收入决定理论中，乘数原理考察投资的变动对收入水平的影响程度。投资乘数指投资支出的变化与其收入变化的比率。投资乘数的值与消费增量与收入增量的比例（边际消费倾向）有关。边际消费倾向越大，投资引起的连锁反应越大，收入增加得越多，乘数就越大。同样，投资支出的减少，会引起收入的大幅减少。

加速原理则考察收入或消费需求的变动反过来又怎样影响投资的变动。其内容是：收入的增加会引起对消费品需求的增加，而消费品要靠资本品生产出来，消费增加又会引起对消费品需求的增加，从而必将引起投资的增加。生产一定数量产品需要的资本越多，即资本—产出比率越高，则收入变动对投资变动影响越大，因此，一定技术条件下的资本—产出比率被称为加速系数。同样，加速作用也是双向的。

　　可见，乘数原理和加速原理是从不同角度说明投资与收入、消费之间的相互作用。只有把两者结合起来，才能全面地、准确地考察收入、消费与投资三者之间的关系，并从中找出经济依靠自身的因素发生周期性的原因。乘数原理与加速原理不同的是，投资的乘数作用是投资的增长（下降）导致收入的数倍增长（下降），导致投资的数倍增长（下降）。

　　2. 答：西方经济学家根据一个周期的长短将经济周期分为长周期、中周期和短周期。长周期又称长波，指一个周期长度平均为 50 年，又称康德拉耶夫周期。中周期又称中波，指一个周期长度为 8~10 年，又称朱格拉周期。短周期又称短波，指一个周期平均长度约为 40 个月。它由美国经济学家基钦于 1923 年提出，故又称基钦周期。

　　3. 答：在索罗模型中，储蓄率的变化只会暂时性地影响增长率，而不会永久性地影响，储蓄率的提高会加快经济的增长，使人均资本存量的稳态水平提高，直到出现新的稳定状态为止。当经济已经处于均衡状态时，储蓄只有水平效应而没有增长效应：它会改变经济的均衡状态，因而改变任一时点上人均产量的水平，但并不会影响处于新均衡点后的人均产量增长率。如果经济保持高储蓄率，也就会保持大量的资本存量和高产出水平，但并不能永远保持高经济增长。

　　4. 答：一是鼓励技术进步。索洛模型表明，人均收入的持续增长来自技术进步。二是鼓励资本形成。根据增长核算方程，资本存量的上升会促进经济增长。三是增加劳动供给。增长核算方程表明，增加劳动供给会引起经济增长。

四、计算题

　　1. 解：根据题意，$s = 15\%$，$G_0 = 6\%$，$G_1 = 8\%$ 可得：$v_0 = \dfrac{s}{G_0} = \dfrac{15\%}{6\%} = 2.5$，同样可得 $v_1 = 1.875$。

　　所以，资本—产出比率应从 2.5 降至 1.875，以趋向于自然增长率。

　　2. 解：由题意，$Y = 1\,200$，$C = 10$，则 $S = 1\,200 - 1\,000 = 200$。

　　$s = S/Y = 200/1\,200 \times 100\% = 17\%$

　　为使该年 200 亿元的储蓄全部转化为投资，第二年的有保证的增长率 Gw 应为

　　$Gw = S/V = 17\%/5 = 3.4$。

　　此时，如果第二年的增长率达到 3.4%。

　　$Y_2 = 1\,200 \times (1 + 3.4\%) = 1\,240.8$

　　$\Delta Y = Y_2 - Y_1 = 40.8$

由 $V=5$，则 $I=\Delta Y \times V=204$。

3. 解：$G_A=\dfrac{s}{v}=\dfrac{1-c}{1/\dfrac{\Delta Y}{\Delta K}}=\dfrac{1-0.7}{1/0.5}=0.15$，$G_w=\dfrac{s}{v_r}=\dfrac{1-c}{v_r}=\dfrac{1-0.7}{4}=0.075$。

由此可见，该经济社会处于 $G_A>G_w$ 的状态，经济增长超过了生产主体的期望，投资形势一片大好，经济处于扩张阶段。

4. 解：（1）由 $I=S=sY \Rightarrow Y=\dfrac{I}{S}=\dfrac{40}{0.2}=200$，可得劳动人均产出率为：$\dfrac{Y}{L}=\dfrac{200}{200}=1$。

由 $\Delta K=I-\tau K=40-0.05\times400=20$，可得资本增长率为：$\dfrac{\Delta K}{K}=\dfrac{20}{400}=0.05$。

（2）根据索洛模型均衡条件 $n=\dfrac{sf(k)}{k}$，将人均收入和人均资本分别代入可得：

$n=\dfrac{s\times Y/L}{K/L}$。那么，资本产出比为：$\dfrac{K}{Y}=\dfrac{s}{n}=\dfrac{10\%}{2\%}=5$。

五、论述题

1. 答：经济周期（business cycle）一般是指经济活动沿着经济发展的总体趋势所经历的有规律的扩张和收缩。

四阶段法将经济周期划分为：繁荣阶段、衰退阶段、萧条阶段和复苏阶段。

繁荣阶段：社会有效需求持续增加，企业产品库存减少，固定资产投资增加，企业利润明显增加。就业水平不断提高，失业减少，生产要素得到充分利用。虽然此时物价和市场利率也有一定程度的提高，但是生产的发展和利润的增加幅度会大于物价和利率的上涨幅度，从而推动股价的大幅上扬。

衰退阶段：消费者需求、投资急剧下降；对劳动的需求、产出下降、企业利润急剧下滑、股票价格和利率一般也会下降。由于繁荣阶段的过度扩张，社会总供给开始超过总需求，经济增长减速，存货增加，银根开始紧缩，利率提高，物价上涨，公司的成本日益上升，加之市场竞争日趋激烈，业绩开始出现停滞甚至下滑的趋势。投资者开始抛售手中的股票，当越来越多的投资者加入到抛出股票的行列时，股价形成不断向下的趋势。

萧条阶段：需求严重不足，生产严重过剩，销售量下降，价格低落，企业盈利水平极低，生产萎缩，大量企业破产倒闭，失业率增大。

复苏阶段：经济逐渐走出谷底，就业率、工资水平和消费需求开始上升，公司利润将会增加，而此时物价和利率仍处于较低水平，股价回升。

2. 答：由于乘数和加速数的结合，经济中将自发地形成周期性的波动，它由扩张过程和收缩进程所组成，即便依靠经济本身的力量，经济波动也有一定的界线。

经济波动的上限，是指无论产量或收入怎样增加都不会超越的一条界线，它取决于社会已经达到的技术水平和一切资源可以被利用的程度。在既定的技术条件下，如果社会上一切可被利用的生产资源已充分利用，经济的扩张就会遇到不可逾越的障碍，产量停止增加，投资也就停止增加，甚至减少。这就是经济波动的上限。

经济波动的下限，是指无论产量或收入怎样收缩都不会再下降的一条界线，它取决于总投资的特点和加速作用的局限性。因为总投资降至最小时即为本期厂商不购买任何机器设备，即总投资等于零，它不可能小于零。这就构成了衰退的下限。从加速原理来看，它是在没有生产能力剩余的情况下才起作用。如果厂商因经济收缩而开工不足，企业有过剩的生产能力，则加速原理就不起作用了。此时，只有乘数作用，经济收缩到一定程度后就会停止收缩，一旦收入不再下降，乘数作用又会使收入逐渐回升。这就是经济波动的下限。

第九章

宏观经济学的微观基础

一、本章知识鸟瞰图

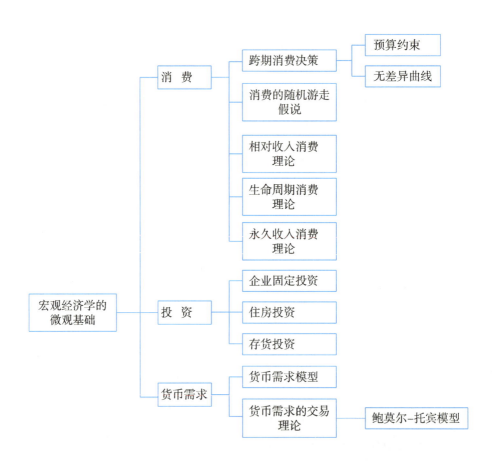

二、本章重点与难点

（一）消费

1. 跨期消费决策

（1）消费者跨期消费最优决策。

宏观经济学中，消费是指一国居民对本国和外国生产的最终产品和服务的支出，它是总支出的最大组成部分。

美国经济学家欧文·费雪在20世纪30年代提出了关于理性消费者在消费时如何进行跨期选择的理论模型，说明消费者所面临的限制和具有的偏好怎样共同决定了他们的消费和储蓄方面的选择。费雪认为，人们在消费时会受到一些限制，这些约束包括：预算约束（人们可以为自己进行消费所支出的数额）和跨期预算约束（人们可以为自己在当前消费和未来消费所支付的数额）。

假定消费者的一生可以分为两个时期：第一个时期是青年时期，第二个时期是老年时期。用 y_1 和 c_1 分别表示消费者在第一个时期的收入和消费，用 y_2 和 c_2 分别表示消费者在第二个时期的收入和消费。再假定消费者有机会进行借贷或储蓄，因此他在任何一个时期的消费都可以大于或小于那一时期的收入。则我们可用无差异曲线与预算线的方法来分析。

在最优决策 E 点上，我们可以求出消费者跨期消费最优决策的条件为

$$MRS = - (1+r)$$

它的经济含义是，跨期最优选择必须满足两个时期的边际效用之比等于实际收益。换句话来说，在消费者跨期均衡点上，当前消费对未来消费的相对价格正好等于消费者心目中当期消费对未来消费的边际替代率。这个条件也可以通过图形来表示。如图9-1所示，两个时期消费的最优组合，一定是出现在无差异曲线和跨期预算约束线的切点上，此时无差异曲线的斜率等于跨期预算约束线的斜率。

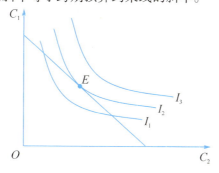

图 9-1　消费者的跨期消费决策

（2）收入变动对消费的影响。

当消费者的收入增加时，无论是现期收入还是未来收入的增加，如果消费者消费的是正常品，则跨期预算约束线将向外移动，从而与更高的无差异曲线相切，达到更好的消费组合。

由此可以看出，不同于凯恩斯的绝对收入假说，费雪的跨期消费理论指出，消费不只是取决于当期收入，还取决于收入的现值，即消费者预期到的他一生的收入。这个观点是后来生命周期假说和持久收入假说的理论基础。

（3）实际利率变动对消费的影响。

由于跨期预算约束线的斜率为-（1+r），所以实际利率的上升将会使消费者的跨期预算约束线发生转动，从而改变跨期最优消费选择，这种变化就是微观经济学所分析的替代效应和收入效应。

从替代效应来看，利率上升意味着当前消费相对于未来消费的价格上升了，消费者会用相对"便宜"的未来消费来替代相对"昂贵"的当前消费，因此替代效应的作用是，当前消费减少，未来消费增加。从收入效应来看，利率上升提高了消费者的实际收入，如果消费者消费的是一种正常商品，实际收入提高意味着消费者整体的消费水平同时提高，因此收入效应的作用是，当前消费和未来消费同时增加。

因此，提高利率的替代效应和收入效应都会提高第二个时期的消费。而对第一个时期的消费来说，其取决于两个效应作用的相对大小。一般说来，在低利率水平时，利率上升的收入效应要小于替代效应，因此利率水平上升会带来当前消费的减少。

2. 消费的随机游走假说

（1）该假说由美国经济学家罗伯特·霍尔首次提出，认为持久收入假说与理性预期的结合意味着消费的变动遵循随机游走方式。

（2）根据永久收入假说，消费者的收入处于变化当中，并且消费者总是尽最大努力使自己的消费在时间上保持稳定。在任何一个时点，消费者总会根据当下对一生收入的预期选择消费。随着时间的推移，消费者总会根据新获得的信息修正其对一生收入的预期，并相应地调整消费。简单而言，消费的变动反映了消费者一生收入的意外变动。

（3）理性预期假设表示，人们会运用所有可以得到的信息来作出对未来的最优预期。

（4）因此，如果消费遵循随机游走方式，则决策者不仅可以通过自己的行为影响经济发展，还可以通过影响公众对政策行为的预期来影响公众消费，进而影响整个经济发展。然而，预期是无法直接观察到的。因此，消费者们往往难以知道财政政策的变动如何改变和何时改变总需求。

霍尔的随机游走假说意味着消费的变动是不可预测的，因为消费者未预期到的政策变动才能影响消费。

3. 相对收入消费理论

（1）该理论由美国经济学家杜森贝利首次提出，认为消费者会受自己过去的消费习惯以及周围消费水准的影响来决定消费，因而消费是相对决定的。

（2）相对收入理论的核心是消费者易于随收入的提高而增加消费，但不易随收入的降低而减少消费，以致产生正截距的短期消费函数。这种特点被称为"棘轮效应"，即上去容易下来难。

（3）相对收入消费理论的另一方面的内容则是指消费者的消费行为受周围人们消费水平的影响，这就是所谓"示范效应"。

4. 生命周期消费理论

（1）该理论由美国经济学家弗兰科·莫迪利安尼首次提出，其与凯恩斯消费理论的不同之处在于，后者假定人们在特定时期的消费是与他们在该时期的可支配收入相关的，而前者强调人们会在更长时间范围内计划他们的生活消费开支，以达到他们在整个生命周期消费的最佳配置。

（2）根据生命周期消费理论，如果社会上年轻人和老年人的比例增大，则消费倾向会提高；如果社会上中年人的比例增大，则消费倾向会下降。因此，总储蓄和总消费会部分地依赖于人口的年龄分布，当有更多人处于储蓄年龄时，净储蓄就会上升。

5. 永久收入消费理论

（1）该理论由美国经济学家米尔顿·弗里德曼提出，认为消费者的消费支出主要不是由他的现期收入决定，而是由他的永久收入决定。

（2）按这种消费理论，一个有前途的大学生可能会在现期收入以外多花不少钱，只要他相信自己将来收入会很高。

（3）当经济衰退时，虽然人们收入减少了，但消费者仍然按永久收入消费，故衰退期消费倾向高于长期平均消费倾向。反之，繁荣期的消费倾向低于长期平均消费倾向。

（二）投资

1. 企业固定资产投资

企业固定投资指企业购买的机器、设备、厂房等固定资本，包括净投资和重置投资。净投资是资本存量的净增加，重置投资则是用于购置新机器设备以替代已经磨损而丧失生产能力的机器设备的资本。

（1）最优资本存量的决定。

最优资本存量是指实际使用资本量的边际成本等于该资本的边际收益时决定的全部投资量。对于竞争性企业而言，资本的边际收益等于资本的边际产品乘以产品价格，而资本的边际成本可以认为是资本的租赁成本，即租赁价格。

（2）最优资本存量的动态调整。

在现实中，企业实际的资本存量通常与最优资本存量不相符。由于迅速调整投资的成本较高，企业通常会逐步调整实际的资本存量，以便达到最优资本存量。

2. 住房投资

住房投资是指个人为自己居住或者出租而购买新住房进行的投资。现实中，人们购买住房主要有三种目的：一是为了自己居住，二是为了向他人出租以收取租金，三是为了获取其由于价值增加而产生的利润。

存量均衡与流量供给模型认为：第一，现有住房存量市场决定了均衡的住房价格；第二，住房价格决定了住房投资的流量。

3. 存货投资

存货投资主要包括三部分：生产准备过程中的原材料存货、生产过程中的半成品存货和产成品存货。存货的变动是经济周期波动的一个重要标志。一般而言，在经济周期的繁荣与萧条之间，存货投资会逐步减少，在经济衰退时期，企业会大量削减存货，甚至使得存货投资成为负值。企业持有存货的原因是多方面的，主要包括：①保证生产的平稳化；②避免脱销；③提高经营效率；④一部分存货是生产过程中的产品。

（三）货币需求

货币需求指人们在投资组合中所选择持有的现金、支票账户等货币资产的数量。鉴于货币的两个基本特征，即最强的流动性和较低收益，人们对货币的需求取决于他们如何在流动性偏好与持有货币的机会成本之间进行权衡。

1. 建立货币需求模型的思路

货币需求受多方面因素影响，货币需求模型的构建正是基于对各类影响因素的考虑。其中，价格水平、实际收入和利率这三个宏观经济变量对货币需求具有重大影响。

2. 货币需求的交易理论

鲍莫尔-托宾模型在 20 世纪 50 年代由经济学家威廉·鲍莫尔和詹姆斯·托宾提出，是对凯恩斯交易动机的货币需求理论的发展。根据凯恩斯的理论，交易动机的货币需求只是收入的函数，而与利率无关。鲍莫尔和托宾通过分析发现，即使是交易动机的货币需求，也同样是利率的函数，而且同样是利率的减函数。

最优的货币持有量 $M = \sqrt{\dfrac{YF}{2r}}$，表明人们出于交易动机而持有的货币量（即现金余额），不仅是收入的递增函数，而且是利率的递减函数。

三、本章复习与思考题答案

1. 假设甲、乙两个消费者按照费雪的跨期消费模型来进行消费决策。甲在两期各收入 1 000 元，乙在第一期的收入为 0，第二期收入为 2 100 元，储蓄或者借贷的利率均为 r。

（1）如果两人在每一期都消费 1 000 元，则利率为多少？

（2）如果利率上升，甲在两期的消费会发生什么变化？利率上升后，其消费状况是变好还是变坏？

（3）如果利率上升，乙在两期的消费会发生什么变化？利率上升后，其消费状况是变好还是变坏？

解：（1）根据题意，可以用乙的实际选择预算约束来计算出利率：

$$c_1+\frac{c_2}{1+r}=y_1+\frac{y_2}{1+r}$$

1 000+1 000（1+r）= 2 100

得：r=10%。

乙在第一期借了 1 000 元用于消费，而在第二期用 2 100 元的收入偿还 1 100 元的贷款本息以及 1 000 元的消费。

（2）利率上升导致甲现期消费减少，未来消费增加。这是由于存在替代效应：利率上升使他现期消费的成本高于未来消费，即利率升高使现期消费的机会成本增加。如图 9-2 所示，在利率没有上升时，甲的预算约束线与无差异曲线相切于 A 点，他第一期和第二期的消费都是 1 000 元。利率上升后，消费者均衡点变动到 B 点，甲第一期的消费将低于 1 000 元，第二期的消费将高于 1 000 元。

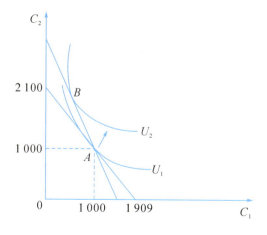

图 9-2　甲的状况

在新的利率下，通过无差异曲线可知，甲的境况变好了，即甲的无差异曲线从 U_1 上移至 U_2。

（3）利率上升后，乙现期消费减少了，而将来消费可能增加也可能下降。他同时面临替代效应和收入效应。由于现在的消费更贵了，他决定减少消费。同样由于他的收入都在第二期，因此他借钱的利率越高，收入越低。如果第一期消费为正常物品，就会使他更加坚定地减少消费。他的新消费选择在 B 点，如图 9-3 所示。我们知道在较高的利率下乙的境况变坏了，因为他的消费在 B 点，此点所达到的效用低于利率上升前的消费选择点 A。

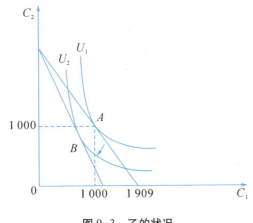

图 9-3　乙的状况

2. 在对费雪模型的分析中，讨论了消费者在第一期进行储蓄的情况下，利率变动对消费决策的影响。现在假设消费者在第一期进行借贷，试分析利率变动对消费决策的影响，并画图说明其收入效应和替代效应。

答：图 9-4 显示了一个消费者把第一期的部分收入储蓄起来时利率增加的情况。实际利率的增加导致预算线以点（Y_1，Y_2）为轴旋转，变得更陡峭。在图 9-4 中，利率增加使预算线发生变化，与相应的无差异曲线的切点由 A 点移到 B 点。

我们可以将这种变化对消费的影响分解为收入效应和替代效应。收入效应是向不同的无差异曲线运动所造成的消费变动。由于消费者是借贷者而不是储蓄者，利率上升使他的状况变坏，所以他不能达到更高的无差异曲线。如果各时期的消费都是正常物品，那么这往往会使消费者消费下降。替代效应是两个时期消费的相对价格变动所造成的消费的变动。利率上升时，相对于第一期的消费，第二期的消费变得更加便宜，这往往使消费者选择第二期的消费增加而第一期的消费减少。

最后，我们可以发现，对于一个借贷者，当利率升高时，由于收入效应和替代效应同方向，第一期的消费必将下降。第二期的消费上升或下降取决于哪种效应更加强烈。在图 9-4 中，我们展示的是替代效应强于收入效应的情况，因此 C_2 增加。

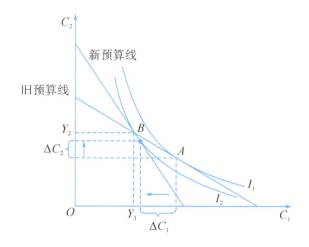

图 9-4 收入效应和替代效应

3. 为什么说如果消费者遵循持久收入假说且能够进行理性预期，消费的变动就是不可预测的?

答：持久收入假说暗示消费者努力使各期的消费平滑化，所以当前的消费取决于其对一生中收入的预期。在任何一个时点上，消费者根据现在对一生收入的预期来选择消费。随着时间的推移，他们可能得到修正其预期的消息，所以会改变自己的消费。如果消费者有理性预期，能最优地利用所有可获得的信息，那么，他们应该只对那些完全未预期到的事件感到意外。因此，他们消费的变动也应该是无法预期的。

4. 试画图分析消费者收入变动对消费决策的影响。

答：根据消费者跨期消费预算约束方程：$C_1 + \dfrac{C_2}{1+r} = Y_1 + \dfrac{Y_2}{1+r}$，无论是消费者现期收入 y_1 增加还是未来收入 y_2 增加，都将导致预算约束线向外平移。

如图 9-5 所示，假设在收入增加之前，跨期消费预算约束线为 AB，则消费者的跨期最优决策点为无差异曲线 I_1 与 AB 的切点 E_1，相应地，现期消费为 C_1，未来消费为 C_2。收入增加之后，跨期消费预算约束线向外平移至 A′B′，如果两期消费为正常物品，则消费者的跨期最优决策点移动至无差异曲线 I_2 与 A′B′的切点 E_2，相应地，现期消费增加为 C'_1，未来消费增加为 C'_2。因此，在两期消费均为正常物品的情况下，消费者收入的变动将引起现期消费与未来消费同方向的变动。

如果现期消费为正常物品，未来消费为低档物品，则消费者收入的变动会引起现期消费同方向的变动以及未来消费反方向的变动；如果现期消费为低档物品，未来消费为正常物品，则消费者收入的变动会引起现期消费反方向的变动以及未来消费同方向的变动。

5. 试说明下列两种情况下，借贷约束是增加还是减少了财政政策对总需求的影响程度：

（1）政府宣布暂时减税。

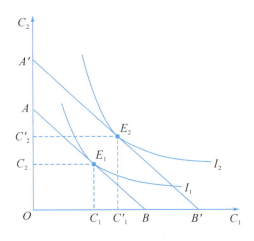

图9-5　收入变动对消费决策的影响

（2）政府宣布未来减税。

答：财政政策影响总需求的潜力取决于消费的影响：如果消费变化很大，那么财政政策将有一个很大的乘数；如果消费改变很小，那么财政政策将有一个很小的乘数。因为边际消费倾向越大，财政政策乘数越大。

（1）考虑两个时期的费雪模型。暂时减税意味着增加了第一期的可支配收入，图9-6（a）显示暂时减税对没有借贷约束的消费者的影响，而图9-6（b）显示了暂时减税对有借贷约束的消费者的影响。

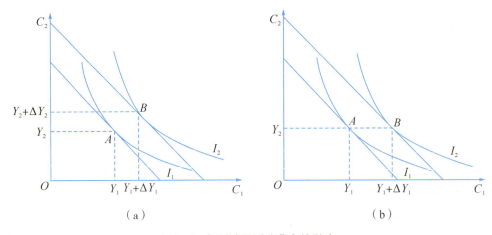

（a）　　　　　　　　　　　　　　（b）

图9-6　暂时减税对消费者的影响

有借贷约束的消费者想要通过借贷而增加 C_1，但是不能增加 C_2。暂时减税增加了可支配收入：如图9-6（a）和图9-6（b）所示，消费者的消费增加额等于减税额。有借贷约束的消费者第一期消费的增加额大于没有借贷约束的消费者，因为有借贷约束的消费者的边际消费倾向大于没有借贷约束的消费者。因此，与没有借贷约束的消费者相比，有借贷约束的消费者在第一期受所对应的财政政策影响总需求的潜力更大。

（2）再一次考虑两个时期的费雪模型。未来减税将增加 Y_2，图 9-7（a）显示了减税对没有借贷约束的消费者的影响，而图 9-7（b）显示了减税对有借贷约束的消费者的影响。

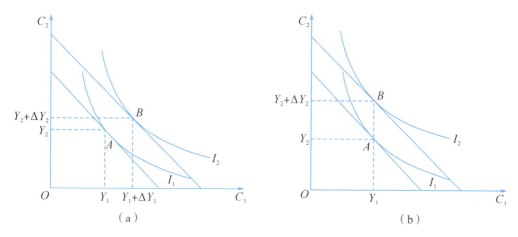

图 9-7　未来减税对消费者的影响

没有借贷约束的消费者立即增加了消费 C_1。有借贷约束的消费者无法增加 C_1，因为可支配收入没有改变。因此如果消费者面临借贷约束，那么未来减税对消费和总需求没有影响。因此，与没有借贷约束的消费者相比，有借贷约束的消费者在第一期受所对应的财政政策影响总需求的潜力更小。

6. 假定你是一个追求跨期效用最大化的消费者，正处于青年时期，下述事件的发生将如何影响你现期的消费行为：

（1）一位失散多年的亲戚突然与你取得联系，并在其遗嘱中将你列为其巨额财产的唯一继承人；

（2）你目前所从事的行业属于夕阳行业，未来几年你将面临下岗的威胁；

（3）医生根据你目前的身体状况预测你可以活到 90 岁。

答：（1）该事件将会导致消费者的当期收入增加，从而引起跨期消费预算约束线向外平移，由于消费一般为正常物品，因而消费者的现期消费增加。

（2）该事件将会导致消费者的未来收入减少，从而引起跨期消费预算约束线向内平移，由于消费一般为正常物品，因而消费者的现期消费减少。

（3）该事件将会导致消费者的消费期数增加。预期寿命延长，未来的花销会更大，因而消费者的现期消费减少。

7. 根据新古典投资模型，分析在什么条件下企业增加自己的固定资本存量是有盈利的？

答：根据新古典企业固定投资模型，如果企业资本的边际产量大于资本的成本，那么企业增加资本存量是有盈利的；如果边际产量小于资本的成本，那么企业增加资本存量就会亏损。分析如下：

新古典投资模型考察了企业拥有资本品的收益与成本。对每一单位资本，企业赚到的实际收益为 R/P，承担的实际成本为 $(PK/P)(r+\delta)$。每单位资本的实际利润是：

$$利润率 = 收益 - 成本 = R/P - (PK/P)(r+\delta)$$

由于均衡状态是资本的实际租赁价格等于资本的边际产量，所以利润率可写为

$$利润率 = MP_K - (PK/P)(r+\delta)$$

由上式可看出：如果企业资本的边际产量大于资本的成本，那么企业增加资本就是有盈利的，反之没有盈利。

8. 试分析利率的上升如何减少住房投资流量？

答：住房投资取决于住房价格，住房价格又取决于住房需求和现期固定的住房供给。住房需求的一个决定因素是实际利率。许多人用贷款购买自己的住房，利率就是贷款的成本。即使有些人不必贷款买房，他们也将对利率作出反应，因为利率是以住房形式持有财富而不把财富存入银行的机会成本。因此，利率上升减少了住房需求，降低了住房价格，并减少了住房的投资量。

9. 试阐述企业持有存货原因。

解：企业持有存货的原因有许多，主要包括：

（1）保证生产的平稳化。商品的市场需求存在波动性，伴随市场需求的波动，企业的产品销量也会经历高涨与低落。由于企业可以持有一定数量的存货，所以其不必随时调整生产以适应销售的波动，减少因频繁调整生产线和产量而造成的损失。企业可以在需求低落，产量高于销量时增加库存；在需求高涨，产量低于销量时，削减存货。

（2）避免脱销。产品的生产需要时间，不可能瞬间完成，企业常常需要在了解顾客需求水平之前作出生产决策，为了避免产品销量意外高涨而脱销，企业需要持有一定数量的存货。

（3）提高经营效率。与频繁少量订货相比，企业大量订货以持有库存的成本更低一些。

（4）一部分存货是生产过程中的产品。有些库存是生产过程中不可避免的，因为有的产品在生产中要求多道工序，当一种产品仅仅部分完成时，会被作为企业存货的一部分。

10. 用新古典投资模型解释下列每一种情况对资本租赁价格、资本成本以及企业净投资的影响：

（1）政府实施扩张的货币政策提高实际利率。

（2）一次自然灾害摧毁了部分固定资产，资本存量减少。

（3）大量国外劳动力的涌入增加了国内的劳动力供给。

答：根据新古典投资模型，投资函数是：$I = I_n[MP_K - (P_K/P)(r+\delta)] + \Delta k$。

资本的租赁价格等于资本的边际产品，资本成本 $= (P_K/P)(r+\delta)$。

（1）扩张性的货币政策提高了实际利率，资本的租赁价格不变，资本成本增加，投资量减少。因为实际利率上升，由资本成本$=(P_K/P)(r+\delta)$可知，资本成本增加，企业会减少投资，但是由于资本的边际产品没有改变，所以资本的租赁价格不会迅速改变。

（2）若一次自然灾害摧毁了部分资本存量，则资本的租赁价格上升，资本成本不变，投资增加。因为资本存量减少使得资本的边际产品上升，所以资本的租赁价格上升。决定资本成本的各因素没有改变，所以资本成本不变。同时，因为资本的边际产品相对于资本的成本上升，使投资更有利可图，所以企业投资增加。

（3）大量国外劳动力的涌入增加了本国内的劳动力供给，使资本的租赁价格上升，资本成本不变，投资量增加。因为劳动投入增加使得资本的边际产品上升，所以资本的租赁价格上升。决定资本成本的各因素没有改变，所以资本成本不变。同时，因为资本的边际产品相对于资本的成本上升，使投资更加有利可图，所以企业投资增加。

11. 假定在完全竞争市场中，某企业的生产函数 $Q=AK^aL^{1-a}$，产量 $Q=100$，$a=0.3$，资本的租金率 $R=0.1$，企业产品价格 $P=1$。试求：

（1）最优资本存量是多少？

（2）假设 Q 预期上升到 120，最优资本存量是多少？

（3）假定最优资本存量在 5 年内保持不变，现有的资本存量为 100，企业会逐步调整资本存量使其接近于最优值，设 $\lambda=0.3$，则其第一年的投资量是多少？第二年的资本存量是多少？

解：（1）当 $a=0.3$ 时，由 $Q=AK^{0.3}L^{1-0.3}$ 得

$MP_K=0.3AK^{-0.7}L^{0.7}$

根据最优资本存量条件 $MP_K=R/P$，得

$0.3AK^{-0.7}L^{0.7}=0.1$

同时根据产量限制条件，得

$100=Q=AK^{0.3}L^{1-0.3}$

将上边两等式联立，可求得当产量为 100 时的最优资本存量 $K^*=300$。

（2）如果 $Q=120$，则联立 $0.3AK^{-0.7}L^{0.7}=0.1$ 与 $120=AK^{0.3}L^{1-0.3}$，可得最优资本存量 $K'=360$。

（3）由于 $K_0=100$，$K^*=300$，所以：

第一年投资量为 $I_1=\lambda(K^*-K_0)=0.3\times(300-100)=60$；

第一年资本存量为 $K_1=100+60=160$；

第二年投资量为 $I_2=\lambda(K^*-K_1)=0.3\times(300-160)=42$；

第二年资本存量为 $K_2=160+42=202$。

12. 假定住房存量供给函数 $S_S=100+2P$，需求函数 $D=Y-0.5P$，住房流量供给函数 $S_F=2P$。式中，P 为住房价格，Y 为收入。当 $Y=200$ 元时，住房的均衡价格是多少？

当收入增加到 300 元，并且假定住房能在瞬间造好，则短期住房价格为多少？新建住房价格为多少？

解：（1）当 $Y=200$ 元时，可得住房需求函数为

$D=200-0.5P$

根据住房存量供给函数与住房流量总供给函数，住房总供给函数为

$S=100+2P$

住房市场均衡时，根据均衡条件 $D=S$，求得

住房均衡价格 $P^*=40$

（2）收入增加到 300 元时，可得住房需求函数为

$D=300-0.5P$

短期内住房价格将不变，即 $P=40$。

此时住房需求量为 $300-0.5×40=280$，而短期住房存量供给量只有 180，因此存在 100 单位的住房差额需求，需要由新房来提供。

根据住房流量供给函数 $S_F=2P$，可得当 $S_F=100$ 时，新建房价格为 50 元。

13. 解释货币需求的资产组合理论与交易理论之间的区别与联系。

答：（1）货币需求的资产组合理论与交易理论之间的区别表现为以下两点：

一是两种理论所强调的货币的职能不同。货币需求的资产组合理论强调货币作为价值储藏手段的作用；货币需求的交易理论强调货币作为媒介的作用。

二是两种理论认为货币需求的决定因素不同。

资产组合理论关键的观点是货币提供了不同于其他资产的风险与收益的组合。特别是货币提供了一种安全的（名义的）收益，而股票与债券的价格会上升或下降。该理论认为货币需求取决于货币和家庭可持有的各种非货币资产所提供的风险与收益。此外，货币需求还应该取决于总财富，因为财富衡量了可以配置于货币和其他资产的资产组合的规模。

货币需求的交易理论强调，货币是一种被支配资产，并强调人们持有货币而不是其他资产，是为了进行购买。其认为货币的需求取决于持有货币的成本和收益，持有货币的成本是只能赚取低收益率，而收益是使交易更方便。因此，货币需求与利率成反比，与收入成正比。

（2）两种理论的联系表现为以下三种：

一是这两种理论都考虑了货币及其他不同的生息资产，都涉及资产组合。

二是这两种理论都运用了资产的流动性假设。

三是这两种理论都形成了对凯恩斯货币需求理论的补充，完善了货币需求理论。

14. 凯恩斯的消费函数有哪些特性？

答：凯恩斯的消费函数有如下特性：

第一，消费是现期收入（可支配收入）的函数，随收入增减而增减。

第二，边际消费倾向大于零，小于1，即0<MPC<1。

第三，平均消费倾向随收入增加而降低，即使边际消费倾向不变也如此。

15. 试述生命周期理论的重要含义。

答：生命周期理论认为，人们会在较长时间范围内计划他们的生活消费开支，以达到他们整个生命周期内消费的最佳配置。人们第一阶段参加工作，第二阶段纯消费而无收入，用第一阶段的储蓄来弥补第二阶段的消费。这样，个人可支配收入和财富的边际消费倾向便取决于该消费者的年龄。它表明当收入相对于一生平均收入高（低）时，储蓄是高（低）的；它同时指出总储蓄取决于经济增长率及人口的年龄分布。

根据生命周期消费理论，如果社会上年轻人和老年人的比例增大，则消费倾向会提高；如果社会上中年人比例增大，则消费倾向会下降。因此，总储蓄和总消费会部分地依赖于人口的年龄分布，当有更多人处于储蓄年龄时净储蓄就会上升。

16. 在生命周期假设中，消费对积累的储蓄比率一直到退休时都是下降的。请问：（1）为什么？有关消费的什么假设导致了这个结果？（2）在退休以后，这个比率如何变化？

答：（1）在生命周期假设中，人们总希望自己一生能比较平稳安定地生活，而不愿今朝有酒今朝醉，因而他们会计划在整个生命周期内均衡地消费收入；同时一般来说，直到他们退休之前，他们的收入会日益增加，进而储蓄也会随之增加。综上，人们在每个阶段的消费是基本呈均匀分布的，但积累的储蓄随着收入的增加而增加，因此消费对积累的储蓄比率一直到退休时都是下降的。

导致这个结果的假设是：人们在更长时间内计划其生活消费开支，以实现消费在整个生命周期内的最佳配置。

（2）在退休以后，这个比率可能会上升。原因是，一般来说，等到人们年老退休时，消费会超过收入，形成所谓负储蓄状态，因此消费对积累的储蓄比率会在退休以后上升。

17. 假定有消费方程 $C=aWR+bY_p$，持久收入 $Y_p=\theta Y_D+(1-\theta)Y_{D-1}$，现有具体的消费方程 $C=0.045WR+0.55Y_D+0.17Y_{D-1}$，试求 θ 值。

答：根据题目，$C=aWR+b[\theta Y_D+(1-\theta)Y_{D-1}]=aWR+b\theta Y_D+b(1-\theta)Y_{D-1}$，又因 $C=0.045WR+0.55Y_D+0.17Y_{D-1}$，可知，$b\theta=0.55$，$b(1-\theta)=0.17$，联立两式可得，$\theta=55/72$。

18. 假设消费函数为 $C=200+0.9Y_p$，其中，Y_p 是持久可支配收入。同时假设消费者的持久可支配收入是当年加上前一年的加权平均：$Y_p=0.7Y_D+0.3Y_{D-1}$，其中，Y_D 是当年可支配收入。请问：

（1）假设第一年和第二年的可支配收入都是 6 000 元，则第二年的消费为多少？

（2）假设第三年的可支配收入增至 7 000 元，并在将来一直保持这个收入，则第三年、第四年以及以后各年的消费为多少？

（3）短期边际消费倾向和长期边际消费倾向各为多少？如何解释？

解：（1）由题目可知，对于消费者而言，其第二年的 $Y_D=6\,000$，$Y_{D-1}=6\,000$，因此，$Y_p = 0.7Y_D + 0.3\ Y_{D-1} = 6\ 000$，则 $C = 200 + 0.9Y_p = 5\ 600$，即第二年的消费为5 600元。

（2）消费者在第三年的 $Y_D = 7\ 000$，$Y_{D-1} = 6\ 000$，因此，$Y_p = 0.7Y_D + 0.3\ Y_{D-1} = 6\ 700$，则 $C = 200 + 0.9Y_p = 6\ 230$，即第三年的消费为 6 230 元。

消费者在第四年的 $Y_D = 7\ 000$，$Y_{D-1} = 7\ 000$，因此，$Y_p = 0.7Y_D + 0.3\ Y_{D-1} = 7\ 000$，则 $C = 200 + 0.9Y_p = 6\ 500$，即第四年的消费为 6 500 元。由于第三年及其以后的每年可支配收入均为 7 000 元，因此消费者第四年及其以后各年的消费均为 6 500 元。

（3）短期边际消费倾向为 $0.7 \times 0.9 = 0.63$，长期边际消费倾向为 0.9。在（2）中，第三年消费者的可支配收入从 6 000 元增加到了 7 000 元，这时的短期边际消费倾向为 0.63，与长期边际消费倾向 0.9 相比较低，原因是当收入上升时，消费者不能确信收入的增加会一直继续下去，因此不会马上充分调整其消费。

19. 假设消费者的生活分为两期。在第一期消费者劳动，获得收入，用来满足该期的消费和储蓄。在第二期消费者不劳动，用第一期的储蓄来满足该期的消费。假设消费者在第一期的消费为 C_1，储蓄为 S，劳动收入为 W；在第二期的消费为 C_2，市场利率为 r，贴现因子为 $0 < \beta < 1$；设消费者的效用函数为

$$U\ (C) = \frac{C^{1-\theta} - 1}{1-\theta}$$

其中，θ 为正常数。

要求：

（1）写出消费者的效用极大化问题。

（2）求出消费者的储蓄函数，讨论利率的改变与储蓄的关系。

解：（1）两个时期消费者的跨期预算约束为：$C_1 + \beta C_2 = W$，其效用函数为 $U = \frac{C_1^{\ 1-\theta} - 1}{1-\theta} + \beta \frac{C_2^{\ 1-\theta} - 1}{1-\theta}$。已知消费者的跨期预算约束和偏好的基础上，可以分析消费者跨期消费的最优决策。为使得消费者效用最大，需满足 $\mathrm{MRS} = \frac{\mathrm{MU}_1}{\mathrm{MU}_2} = \frac{1}{\beta}$，即 $\frac{C^{1-\theta}}{\beta C^{2-\theta}} = \frac{1}{\beta}$，即 $C_1 = C_2$。

（2）消费者的储蓄函数为 $S = W - C_1 = W - W / (1+\beta) = W / (r+2)$，因此当利率增加时，储蓄会减少；利率减少时，储蓄会增加。

四、本章课后辅导题

一、名词解释

1. 消费　2. 企业固定投资　3. 住房投资　4. 存货投资　5. 货币需求

二、简答题

1. 请简述收入变动对消费的影响。

2. 请简述实际利润表变动对消费的影响。

3. 简要说明影响货币需求的主要因素。

三、计算题

1. 假设一个消费者的生命周期为三期，在每个时期的收入依次为 $Y_1 = 10\,000$ 元，$Y_2 = 30\,000$ 元，$Y_3 = 20\,000$ 元。设定利率为 0，并假设该消费者在整个生命周期中使得消费的折现值最大化（即生命周期假说）。请计算该消费者在每一个时期的消费水平。

2. 假设某经济体的投资函数为：$I = 500 - 10r$。其中，I 是投资额，r 是利率。计算当利率为 5% 和 10% 时的投资额。

3. 假设一个经济体的货币需求函数为如下形式：$MD = 0.5Y - 100r$。其中 MD 为货币需求，Y 为收入，r 为利率。假设 $Y = 20\,000$ 元，计算当利率为 4% 和 8% 时的货币需求量。

四、论述题

1. 请论述凯恩斯的绝对收入假说和弗里德曼的持久收入假说的主要区别，并解释为何持久收入假说更适合解释长期消费行为。

2. 请论述托宾的 q 理论在解释企业投资行为时的核心观点，以及该理论对投资需求的政策含义。

五、本章课后辅导题答案及分析

一、名词解释

1. 消费是指一国居民对本国和外国生产的最终产品和服务的支出，它是总支出的最大组成部分。

2. 企业固定投资指企业购买的机器、设备、厂房等固定资本，包括净投资和重置投资。

3. 住房投资是指个人为自己居住或者出租而购买新住房进行的投资。

4. 存货投资主要包括三部分：生产准备过程中的原材料存货、生产过程中的半成品存货和产成品存货。

5. 货币需求指人们在投资组合中所选择持有的现金、支票账户等货币资产的数量。

二、简答题

1. 答：当消费者的收入增加时，无论是现期收入还是未来收入的增加，如果消费者消费的是正常品，跨期预算约束线将向外移动，从而与更高的无差异曲线相切，达到更好的消费组合。

2. 答：实际利率的上升将改变跨期最优消费选择，产生替代效应和收入效应。提高当期实际利率的替代效应和收入效应都会提高未来消费。

从替代效应来看，实际利率上升意味着当前消费相对于未来消费的价格上升了，消费者会用相对"便宜"的未来消费来替代相对"昂贵"的当前消费，因此替代效应的作用是，当前消费减少，未来消费增加。

从收入效应来看，实际利率上升提高了消费者的实际收入，如果消费者消费的是一种正常商品，实际收入提高意味着消费者整体的消费水平同时提高，因此收入效应的作用是，当前消费和未来消费同时增加。

3. 答：货币需求量的决定受多方面因素影响，其中价格水平、实际收入和利率这三个宏观经济变量对货币需求具有重大影响。

三、计算题

1. 解析：根据生命周期假说，消费者在整个生命周期中的消费水平是均匀的，即

$$C_1 = C_2 = C_3 = \frac{Y_1 + Y_2 + Y_3}{3}。$$

代入已知数值：

$$C_1 = C_2 = C_3 = \frac{10\ 000 + 30\ 000 + 2\ 000}{3} = 20\ 000$$

所以，在每个时期的消费水平为 20 000。

2. 解析：当利率 $r = 5\%$，投资额：

$I = 500 - 10 * 5 = 500 - 50 = 450$

当利率 $r = 10\%$，投资额：

$I = 500 - 10 * 10 = 500 - 100 = 400$

所以，当利率为 5%时，投资额为 450；当利率为 10%时，投资额为 400。

3. 解析：对利率 $r = 4\%$，货币需求量：

$MD = 0.5 * 20\ 000 - 100 * 4 = 10\ 000 - 400 = 9\ 600$

对利率 $r = 8\%$，货币需求量：

$MD = 0.5 * 20\ 000 - 100 * 8 = 10\ 000 - 800 = 9\ 200$

所以，当利率为 4%时，货币需求量为 9 600；当利率为 8%时，货币需求量为 9 200。

1. 答：凯恩斯的绝对收入假说认为，消费是当前收入的函数，即消费随着当前收入的变化而变化，并且消费倾向是递减的。简而言之，人们在收入增加时会增加消费，但增加的比例逐渐减少。

弗里德曼的持久收入假说则认为，消费者的消费行为是基于其"持久收入"而不是当前（暂时）收入。持久收入指的是消费者预期在较长期内能够获得的平均收入。消费者会平滑他们的消费，在高收入年储蓄，在低收入年支出储蓄，从而在波动中保持消费的稳定。

持久收入假说对于解释长期消费行为更有帮助，因为它考虑了消费者通过储蓄和借款来平滑消费，不会受到短期收入波动的显著影响。这与实际观察到的消费行为非常吻合，即长期来看，消费的波动性远小于收入的波动性。

2. 答：托宾的 q 理论认为，企业的投资决策取决于托宾的 q 比率，即企业现有资本的市场价值与重置成本的比率。如果 q 值超过 1，意味着企业可以通过投资新的资本设备获得比设备成本更高的市场价值，从而刺激企业增加投资；反之，如果 q 值小于 1，则企业很可能减少投资。

托宾的 q 比率反映了企业对未来收益的预期以及市场对企业资产的估值。该理论指出，政策制定者可以通过影响市场对企业未来盈利的预期（例如，通过稳定经济政策）和调整资本成本（如利率政策）来影响投资需求。

该理论对于投资需求的政策含义在于，通过调控市场环境和经济预期，可以间接影响企业的投资决策。因此，无论是货币政策还是财政政策，都应关注政策措施对市场预期和资本成本的综合影响，进而促进或抑制投资活动。

第十章 新古典宏观经济学和新凯恩斯主义经济学

一、本章知识鸟瞰图

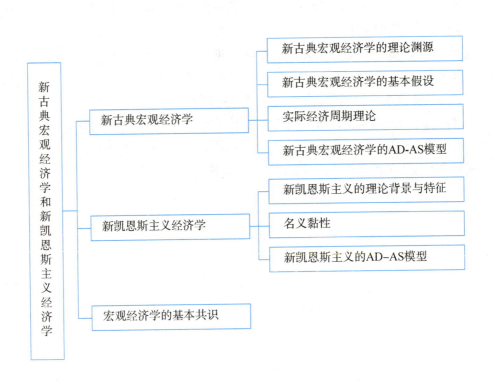

二、本章重点与难点

（一）新古典宏观经济学

1. 新古典宏观经济学的理论渊源

新古典宏观经济学的理论渊源之一是货币学派。货币学派是 20 世纪 50 年代后期出现的经济学流派，其代表人物为美国经济学家米尔顿·弗里德曼。

货币学派的基本理论为新货币数量论和自然失业率假说。货币学派的基本主张之一是货币数量论，它是关于货币数量变化决定价格水平变化的理论。

（1）新货币数量论。

传统货币数量论包括费雪方程（即交易方程：$Py = MV$）和剑桥方程（即庇古的 $M = kY = kPy$），两者的实质是一致的，都认为货币数量与价格水平之间存在着直接的因果数量关系：物价水平的高低，取决于货币数量的多少，二者成正向关系。它们被认为是早已存在于经济学的"货币数量论"的现代表达形式。二者的不同之处在于：交易方程强调货币的交易媒介的作用，而剑桥方程则强调对货币的需求方面。

凯恩斯以灵活偏好为基础提出方程：

$$\frac{M}{P} = L \ (y, \ r) = L_1 \ (y) \ + L_2 \ (r)$$

式中，L 为对货币的总需求；L_1 为对货币的交易需求；L_2 为对货币的投机需求；r 为利息率；P 为价格水平。货币学派认为，凯恩斯的货币需求函数忽略了人们对财富的持有量也是决定货币需求的重要因素。

弗里德曼在吸收和修正凯恩斯灵活偏好论的基础上，推演出了新货币数量论，提出了货币需求函数，即：

$$M = f \ (P, \ r_b, \ r_e, \ \frac{1}{P} \cdot \frac{dP}{dt}, \ w, \ Y, \ u)$$

弗里德曼强调，新货币数量论与传统货币数量论的差别在于，传统货币数量论把货币流通速度 V（或者 $\frac{1}{k}$）当作一个由制度决定的常数，而新货币数量论认为稳定的不是 V，而是决定 V 值的函数，V 只不过是稳定的外在表现而已。V 在长期是一个不变的量，在短期可以做出轻微的变化。

（2）自然失业率假说。

讨论菲利普斯曲线时，自然率假说主要指自然失业率，即自愿失业人数在劳动力总人数中所占的比例。自然失业率假说认为，自由竞争可以使整个经济处于充分就业状态，并且认为这种趋势是完全竞争的市场经济本身固有的属性，而经济活动出现非充分就业的原因不在于市场制度本身，而在于外界的干扰或者人们对经济变量所作出的预期的误差。

根据自然失业率假说，任何一个社会都存在一个自然失业率，其值取决于社会的技术水平、资源数量和文化传统。长期而言，经济总是趋向于自然失业率；尽管短期内，经济政策能够使得实际失业率不同于自然失业率。弗里德曼根据自然失业率和菲利普斯曲线得出一个货币主义的结论：在短期，政府虽然可以通过货币政策把失业率人为地维持在小于自然失业率的水平，但是在长期不可能做到这一点。

（3）货币学派的主要观点及政策主张。

根据新货币数量论和自然失业率假说，货币学派形成了以下几个主要观点：①货币供给对名义收入变动具有决定性作用；②在长期中，货币数量的作用主要在于影响价格以及其他用货币表示的量，而不能影响就业量和实际国民收入；③在短期中，货币供给量可以影响实际变量，如就业量和实际国民收入；④私人经济具有自身内在的稳定性，国家的经济政策会使它的稳定性遭到破坏。

货币学派根据其理论和对经验资料所做的分析，提出了自己的政策主张，主要包括三点：①反对凯恩斯主义的财政政策；②反对"斟酌使用（根据情况变化而制定和执行）"的货币政策；③力主单一政策规则，尽力避免国家干预。

货币学派提出，在没有通货膨胀的情况下，按平均国民收入的增长率再加上人口增长率来规定并公开宣布一个长期不变的货币增长率，是货币政策唯一的最佳选择。

2. 新古典宏观经济学的基本假设

传统凯恩斯主义不能够解释 20 世纪 70 年代的滞胀，于是促进了货币主义和理性预期学派的发展，形成以卢卡斯为首的新古典宏观经济学派。其四个假设条件如下：

（1）个体利益最大化。

新古典宏观经济学把个体利益最大化这一假设与宏观经济学的研究结合在一起，认为宏观经济现象是个体经济行为的后果，应符合个体利益最大化的基本假设条件。

（2）理性预期。

理性预期是指经济个体在有效地利用一切信息的前提下，对经济变量作出的在长期中平均说来最为准确的，而又与所使用的经济理论、模型相一致的预期。理性预期包含以下三个含义：

第一，作出经济决策的经济主体是有理性的。第二，经济主体在作出预期时会力图得到有关的一切信息，其中包括对经济变量之间因果关系的系统了解和有关的资料与数据。第三，经济主体在预期时不会犯系统的错误。理性预期的意思是：在长期中，人们会准确地或趋向于预期到经济变量所应有的数值。

（3）市场出清。

市场出清假设是说，无论劳动市场上的工资还是产品市场上的价格都具有充分的灵活性，可以根据供求情况迅速进行调整，有了这种灵活性，产品市场和劳动市场都不会存在超额供给。

（4）自然失业率假说。

3. 实际经济周期理论

在实际经济周期理论提出以前，存在着一个由美国经济学家卢卡斯发展出来的货币经济周期模型。到 20 世纪 80 年代初，该模型同时陷入了理论上和经验上的困境。在这种情况下，从 20 世纪 80 年代初期开始，对总产量不稳定的新古典解释主要集中到实际冲击而非货币冲击，这就是实际经济周期理论。

（1）作为波动根源的实际冲击。

实际经济周期理论假定经济波动的根源是实际（供给）冲击，这些冲击包括新生产技术、新产品、恶劣天气、战争、原材料新来源以及原材料价格变化等。

（2）不利供给冲击对产出和就业的影响。

不利冲击发生后，就业减少，失业率上升，同时总产出下降，即经济经历了衰退。

4. 新古典宏观经济学的 AD-AS 模型

新古典宏观经济学理论模型的基本特点是，在分析时，令长期总供给曲线为一条潜在产出水平的垂直线，给短期总供给需求附加了预期变量。

新古典宏观经济学在建立自己的经济模型的时候引入了附加预期变量的总供给曲线。总需求曲线 AD 的变化可以由意料之中的因素（如政府的财政、货币政策和其他经济政策）以及意料之外的因素（如自然灾害），以及介于两者之间的因素（如外汇波动等）引起。对于意料之外的因素所造成的价格和产量的波动，理性预期学派认为，国家是不能使用经济政策来使之稳定的。由于意料之外的因素无法事先得知，所以参加经济活动的人，包括国家的经济管理人员在内，事先都不知道这些因素的存在，更谈不到理解这些因素的作用。理性预期学派的最终结论是：在任何情况下，宏观经济政策都是无效的。

（二）新凯恩斯主义经济学

1. 新凯恩斯主义形成的理论背景和特征

新凯恩斯主义（new keynesian economics）与新古典综合派同属凯恩斯主义阵营，两者的关键区别在于，新古典综合派的理论倾向于假定一个固定的名义工资，而新凯恩斯主义则试图为解释工资和价格黏性现象提供一个可以接受的微观基础。

新凯恩斯主义产生的客观条件是：原凯恩斯主义的理论缺陷和新古典宏观经济学在解释现实问题时效微力乏。

新凯恩斯主义者以工资黏性和价格黏性代替原凯恩斯主义工资刚性和价格刚性的概念，以工资黏性、价格黏性和非市场出清的假设取代新古典宏观经济学的工资、价格伸缩性和市场出清的假设，并将其与宏观层次上的产量和就业量等问题相结合，建立起有微观基础的新凯恩斯主义宏观经济学。

新凯恩斯主义的假设如下：

（1）非市场出清假设。

传统凯恩斯主义者认为工资和价格是刚性的，因此劳动市场上供求未必经常相等，而是经常处于非出清状态；新凯恩斯主义者基于工资和价格黏性的前提假设，也推导出市场非出清是客观存在的。

（2）经济当事人利益最大化原则。

新凯恩斯主义者同意，宏观经济理论必须符合微观经济学的假设条件，特别是个人利益最大化的假设条件。这就是说，宏观经济理论必须有微观经济学的基础。

（3）理性预期。

新凯恩斯主义者虽然并不认为人们最终能够准确地预期现实的情况，但是，他们也认为，为了自己的利益，人们会尽量收集信息，使他们的预测能够趋于正确；收集的信息不但涉及过去，而且牵涉到未来的事态。

（4）工资和价格黏性。

传统凯恩斯主义者认为工资和价格是刚性的，即认为工资能上不能下，短期内无法调整，这被认为是短期内经济波动之源。而新凯恩斯主义者放松了这个严格的假定，认为工资和价格不是不能调整，但是调整是缓慢的，二者存在黏性。

在基本假设方面，非市场出清假设是新凯恩斯主义最重要的假设。

新凯恩斯主义的特征可概括为：第一，货币是中性的；第二，经济中实际市场的不完全性对于理解经济波动十分关键。

2. 名义黏性

正统的凯恩斯主义和新凯恩斯主义都假设价格调整对外来冲击反应迟缓。不过前者武断地假定名义工资是固定的，而新凯恩斯主义则试图为工资和价格的缓慢调整提供一个微观经济基础。因而，新凯恩斯主义采用了名义黏性假设，具体地说，即是名义工资黏性和名义价格黏性。与新古典宏观经济学相同，新凯恩斯主义采取了同样的选择性理论框架，即假定工人和厂商分别为理性的效用最大化者和利润最大化者。

3. 新凯恩斯主义的 AD-AS 模型

新凯恩斯主义对宏观经济波动的解释：利用短期总供给曲线通过考察经济遭受总需求冲击后恢复到正常状态的过程，说明经济经历了一次波动（衰退或高涨状态）。

新凯恩斯主义在政策主张方面的观点：由于工资和价格黏性，从一个非充分就业的均衡状态恢复到充分就业的均衡状态，是一个缓慢的过程，因此斟酌使用的经济政策是必要的。这一方面能使经济社会迅速地恢复到充分就业的状态，以避免长时间偏离充分就业所带来的痛苦，另一方面能抵御外界的冲击力量。

（三）宏观经济学的共识

目前宏观经济学的基本共识主要体现在六个方面：

一是在长期，一国生产产品和劳务的能力决定该国居民的生活水平；

二是制度对于长期经济增长是非常重要的；

三是在长期，货币增长率决定通货膨胀率；

四是在短期，总需求影响一国生产的产品与劳务的数量；

五是在短期，政策制定者面临通货膨胀和失业之间的权衡；

六是预期是重要的。

三、本章复习与思考题答案

1. 简述货币学派的基本观点和政策主张。

答：（1）货币学派的基本观点体现在以下几方面：一是货币供给对名义收入变动具有决定性作用；二是在长期中，货币数量的作用主要在于影响价格以及其他用货币表示的量，而不能影响就业量和实际国民收入；三是在短期中，货币供给量可以影响实际变量，如就业量和实际国民收入；四是私人经济具有内在的稳定性，国家的经济政策会使它的稳定性遭到破坏。

（2）货币学派的政策主张可概括为以下三方面：一是反对凯恩斯主义的财政政策；二是反对"斟酌使用"的货币政策；三是力主"单一政策规则"，即以货币供给量作为货币政策的唯一控制指标，排除利率、信贷流量、准备金等因素。

2. 简述新古典宏观经济学的假设条件。

答：新古典宏观经济学的假设条件如下：

（1）个体利益最大化。新古典宏观经济学把个体利益最大化这一假设与宏观经济学的研究结合在一起，认为宏观经济现象是个体经济行为的后果，应符合个体利益最大化的基本假设条件。

（2）理性预期。理性预期是指经济个体在有效地利用一切信息的前提下，对经济变量作出的在长期中平均说来最为准确的，而又与其所使用的经济理论、模型相一致的预期。理性预期包含以下三个含义：第一，作出经济决策的经济主体是有理性的。第二，经济主体在作出预期时会力图得到有关的一切信息，其中包括对经济变量之间因果关系的系统了解和有关的资料与数据。第三，经济主体在预期时不会犯系统的错误。理性预期的意思是：在长期中，人们会准确地或趋向于预期到经济变量所应有的数值。

（3）市场出清。市场出清假设是说，无论劳动市场上的工资还是产品市场上的价格都具有充分的灵活性，可以根据供求情况迅速进行调整，有了这种灵活性，产品市场和劳动市场都不会存在超额供给。

（4）自然失业率假说。自然率假说认为，任何一个社会都存在着一个自然失业率，其大小取决于该社会的技术水平、资源数量和文化传统等，而在长期中，该社会的经济总是趋向于自然失业率。

3. 推导卢卡斯总供给曲线。

解：一个典型企业 i 的供给函数由下式给出：

$$y_i = h\ (P_i - P)\ + y_i^*$$

其中，y_i 为企业的产量，P_i 为其产品的价格，P 为价格总水平，y_i^* 为企业的潜在产量，h 表示企业对其产品价格与价格总水平偏离的一种反应，$h>0$。

用 P^e 表示企业对价格总水平 P 的估计，从而有

$$y_i = h\ (P_i - P^e)\ + y_i^* \qquad\qquad (1)$$

进一步地，企业对价格总水平的估计假定按下式进行：

$$P^e = \hat{P} + b\ (P_i - \hat{P}) \qquad\qquad (2)$$

式（2）表示，企业对价格总水平的估计由两部分组成：一部分是该社会的有关机构预测并公布的价格预测值 $\hat{P}$；另一部分是企业根据其经验对预测值 $\hat{P}$ 的调整，参数 b 为调整系数。

将式（2）代入式（1）并整理，得

$$y_i = h\ (1-b)\ (P_i - \hat{P})\ + y_i^*$$

从整体上看，整个经济的总供给曲线是通过将所有企业的供给曲线加总而得到的。设整个经济的生产由 n 个像企业 i 的企业组成，则经济的总供给函数为

$$y = nh\ (1-b)\ (P - \hat{P})\ + y^* \qquad\qquad (3)$$

式（3）即为卢卡斯总供给函数。其中 y 为总产出，P 为整个经济的价格水平，y^* 为经济的潜在产量。卢卡斯总供给函数表示，经济的总产出与未被预期到的价格上升之间具有正相关关系。经过系数的合并，卢卡斯总供给函数通常写为

$$y = y^* + \lambda\ (P - P^e)$$

其中，参数 $\lambda>0$，P^e 为公众对价格的预期。

4. 推导新凯恩斯主义的总供给曲线。

答：新凯恩斯主义的短期总供给曲线可以用图 10-1 推导出来。

图 10-1（a）中的 N_d 和 N_s 分别表示劳动的需求曲线和供给曲线，它们都是实际工资 $\dfrac{W}{P}$ 的函数。然而，在事实上，劳动的需求方面所支付的和劳动者所得到的只能是货币工资。

因此，劳动的需求和供给两个方面都必须使用一定的价格指数 P 去除货币工资才能得到实际工资 $\dfrac{W}{P}$。

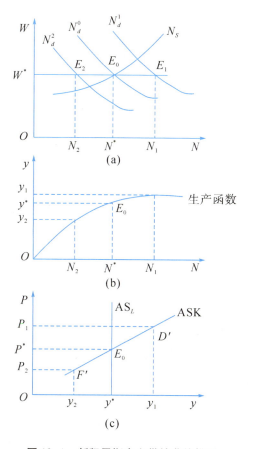

图 10-1 新凯恩斯主义供给曲线推导

　　新凯恩斯主义者认为，厂商在决定他所支付的实际工资时，应该用该厂商的产品的价格去除货币工资。因为对厂商而言，只要劳动的边际产品（代表劳动给厂商带来的利益）大于他为得到这一劳动所必须支付的价格（即劳动的实际工资），他便会增加雇用的人数直到代表利益的边际产品与代表支付的实际工资相等。这就是说，每一行业的厂商都会使用本行业产品的实际价格去计算他所支付的实际工资的大小。既然社会上的各行各业全部都由厂商经营；那么，厂商整体必然会用实际存在的价格指数或价格水平 P 去计算实际工资。从供给方面来看，图 10-1（a）中的 N_s 当然也是实际工资 $\dfrac{W}{P}$ 的函数。在劳动者用什么样的 P 去除 W 以便得到实际工资 $\dfrac{W}{P}$ 的问题上，新凯恩斯主义认为，不论劳动者是否知道实际价格水平，劳动的供给曲线所使用的 P 只能是在签订合同时他们所预期的价格 P^e。

　　正是根据一定的 P^e，劳动者的代表（工会）才与厂商通过讨价还价达成了工资协议（即规定货币工资 W 的大小）。一方面，协议一经签订，不论客观情况如何，双方都必须遵守，这就是说，在合同期内，根据 P^e 而决定的 W 是黏着不变的。另一方面，在同一期间，实际价格水平可以经常变动，而整个社会的厂商是按实际价格水平 P 来决定对劳动的需求的。假定 P 正好等于 P^e，如图 10-1（a）中的 N_s 所示，N_d^0 是根据与

P^e 相等的 P 所作出的劳动需求曲线。由于 $P=P^e$，所以 N_s 和 N_d^0 相交于点 E_0。该点表示的价格水平 P 和就业量 N 分别为 P^* 和充分就业的就业量 N^*。将其代入生产函数可得图 10-1（b）中的点 E_0，从而相应的充分就业的产量为 y^*，于是在图 10-1（c）中可找到与 P^* 和 y^* 相对应的点 E_0，该点便为新凯恩斯主义短期总供给曲线上的一点。

新凯恩斯主义者认为，厂商雇用劳动的实际数量取决于 W 和 N_d 的共同作用。例如，在工资合同期内，价格水平从 P^* 上升到 P_1，这时图 10-1（a）中的劳动需求曲线从 N_d^0 移动到 N_d^1。由于 W^* 已为合同所规定，不能改变，为了取得最大利润，厂商只能根据既定的货币工资 W^* 和新的劳动需求曲线 N_d^1 来决定雇用的劳动数量。由图 10-1（a）所示，这时厂商实际雇用的劳动数量为 N_1，从而产出数量为 y_1。于是，在图 10-1（c）中可得到与 P_1 和 y_1 相对应的点 D'。如果实际价格水平 $P=P_2$，则 N_d 曲线处于图 10-1（a）中 N_d^2 的位置。按照同样的步骤便可找出 N_d^2 与 W^* 两线的交点 E_2 所决定的 N_2，于是在图 10-1（c）中又得到点 F'。

总之，在工资具有刚性或黏性的情况下，由不同的 P 可得到不同的 N，根据这些不同的 N 便可在图 10-1（b）中得到不同的 y，从而可在图 10-1（c）中找到不同的点（如点 E_0、点 D'、点 F' 等），用一条光滑的曲线将这些点连在一起便得图 10-1（c）中的曲线 ASK，这便是新凯恩斯主义的短期总供给曲线。

5. 说明宏观经济政策的时间不一致性。

答：这一问题最先由基德兰德（F. E. Kydland）和普雷斯科特（E. C. Prescott）于 1977 年提出。简单地说就是，决策者（政府）最初实施一项最优政策，随着时间的推移，到下一阶段会出现使决策者改变计划的动机，即今天的决策不再适合明天了，这就出现了时间的不一致性。特别地，有时决策者能够通过前后不一致把事情做得更好。

6. 用菲利普斯曲线推导总供给曲线。

解：附加预期变量的菲利普斯曲线可以表示为

$$\pi=\pi^e-\beta（u-u_0）$$

用 $P-P_{-1}$ 代替 π，用 P^e-P_{-1} 代替 π^e，其中 P 为价格水平的对数，P_{-1} 为上一期价格水平的对数，P^e 为预期价格水平的对数，则上式化为

$$
\begin{aligned}
P-P_{-1} &= P^e-P_{-1}-\beta（u-u_0） \\
-\beta（u-u_0） &= P-P^e
\end{aligned}
\tag{1}
$$

另外，根据奥肯定律有

$$-\beta（u-u_0）=\frac{1}{a}（y-y^*）\tag{2}$$

将式（2）代入式（1），经整理，得

$$y=y^*+a（P-P^e）\tag{3}$$

式（3）即为所求的总供给曲线，其中 y 为总产量，y^* 为潜在产量。

7. 理性预期和适应性预期有何区别？

答：预期是指从事经济活动的私人经济在对当前的行动作出决定之前，对将来的经济形势或经济变量（主要指价格波动）所作出的预测。预期分为适应性预期和合理预期。

适应性预期是指根据以前的预期误差来修正以后预期的方式。"适应性预期"这一术语是由菲利普·卡根于20世纪50年代在一篇讨论恶性通货膨胀的文章中提出的。由于它比较适用于当时的经济形势，因而很快在宏观经济学中得到了应用。适应性预期模型中的预期变量依赖于该变量的历史信息。

所谓理性预期是经济个体在有效利用一切信息的前提下，对经济变量作出的在长期中平均来说最为准确的、而又与其所使用的经济理论、模型相一致的预期。

8. 黏性价格假定有什么重要性？

答：价格黏性是指价格不能随总需求变动而迅速变化。价格黏性假定的重要性在于：价格是否有黏性的问题可以转换为市场能否出清的问题，即市场机制是否有效的问题。如果价格有弹性，当需求减少时，价格会迅速下降。价格下降刺激需求增加，总供给与总需求重新趋于均衡，市场出清，社会资源得到充分利用。如果价格有黏性，需求减少不会引起价格下降，于是，市场上愿买者少，愿卖者多，市场不能出清，产品大量积压，厂商只得减少产量，资源不能得到充分利用。因此，价格有弹性时，市场出清；价格有黏性时，市场不能出清，市场机制失灵，只有政府干预才能纠正市场失效。

9. 简要说明实际经济周期理论。

答：实际经济周期理论是新古典宏观经济学的代表性理论之一。该理论的基本观点可概括如下：

第一，技术冲击是经济波动之源。实际经济周期理论认为技术冲击能够引起产出、消费、投资和就业等实际变量的波动。在种种实际冲击中，由于技术冲击对经济活动的影响最持久，因此技术冲击是经济周期之源。

第二，经济周期所产生的产出波动不是实际GDP对潜在GDP的背离，而是潜在GDP本身的变动。

第三，即使在短期，货币也是中性的。货币量的变化不能引起产出和实际就业量等实际变量的变化。

10. 说明新凯恩斯主义对经济波动的解释。

答：新凯恩斯主义对宏观经济波动的考察是用总需求曲线和总供给曲线并结合长期劳动合同的交错性质来说明的，见图10-2。

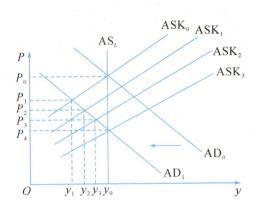

图 10-2 新凯恩斯主义对经济波动的解释

假定经济起初位于总需求曲线 AD_0 和新凯恩斯主义短期总供给曲线 ASK_0 的交点上，这时价格水平为 P_0，实际收入为 y_0。假定经济受到总需求冲击，例如，由于企业对未来收益的预期发生变化而减少了投资需求，全球经济的萎缩使净出口需求减少，增税、政府支出的减少或货币供给的减少等引起了总需求的减少，反映在总需求曲线上，则是总需求曲线从 AD_0 向左移动到 AD_1。

现在假定劳动市场的工资合同期为 3 年，且每年都有占合同总数 1/3 的合同需要重新签订。按照新凯恩斯主义理论，当总需求曲线移到 AD_1 后，实际收入下降到 y_1，价格水平亦下降到 P_1，这种状态一直持续到第一批劳动合同被重新签订为止。在第一批占总数 1/3 的劳动合同重新签订时，劳动供求双方达成了较低的货币工资协议，较低的货币工资使短期总供给曲线向右移动到 ASK_1，这时价格水平下降到 P_2，实际收入增加到 y_2。到了需求冲击后的第 2 年，当第二批劳动合同重新签订时，劳动供求双方又达成了较低的货币工资协议，较低的货币工资又使短期总供给曲线进一步向右移动到 ASK_2，相应地，价格水平下降到 P_3，收入增加到 y_3，类似地，到了第三批劳动合同重新签订时，总供给曲线向右移动到 ASK_3，这时，价格水平下降到 P_4，而收入则恢复到了总需求冲击前的充分就业的水平 y_0。

按照上述分析，在新凯恩斯主义看来，整个经济经历了 3 年左右的衰退。这便是新凯恩斯主义对宏观经济波动所作的解释。

11. 说明宏观经济学目前的主要共识。

答：目前宏观经济学的基本共识主要体现在六个方面：

一是在长期，一国生产产品和劳务的能力决定该国居民的生活水平；二是制度对于长期经济增长是非常重要的；三是在长期，货币增长率决定通货膨胀率；四是在短期，总需求影响一国生产的产品与劳务的数量；五是在短期，政策制定者面临通货膨胀和失业之间的权衡；六是预期是重要的。

12. 给出两个西方学者将微观经济学应用于宏观经济分析的例子。

答：第一个例子：在国际经济中，关于倾销的经济分析主要运用的是微观经济学中的不完全竞争的理论。第二个例子：在新凯恩斯主义关于工资和价格黏性的理论分析中，也用到了不完全竞争的理论。

13. 长期劳动合同论与工资黏性有什么关系？

答：在发达经济中，工资不是在即时交易中决定的，而是由劳资双方以明确（或隐含）的合同确定的。长期劳动合同是指厂商和工人之间的协议，其中规定了一年或更长时间内的名义工资率。劳动合同中的工资并不是完全刚性或完全固定的，每当新合同谈判时就有改变。但没有劳动合同，名义工资率可能每天都自由变动，因此长期劳动合同在一定程度上限制了工资的灵活性，从而导致了名义工资黏性，即名义工资率不能随着价格变动随意变动。

四、本章课后辅导题

一、名词解释

1. 理性预期　2. 卢卡斯批评　3. 菜单成本

二、判断题

1. 新凯恩斯主义者认为，在存在理性预期时，货币政策无效。　　　　（　　　）

2. 长期雇佣合同被新凯恩斯主义者看作工资黏性的一个原因。　　　（　　　）

3. 理性预期学派认为，无论在任何情况下，货币政策都是无效的。　（　　　）

4. 新凯恩斯主义者是反对理性预期的理论假定的。　　　　　　　　（　　　）

三、简答题

1. 为什么价格在短期具有黏性？宏观经济学是如何利用价格黏性来说明短期供给曲线的？

2. 新凯恩斯主义，"新"在何处？

四、论述题

说明新古典主义和新凯恩斯主义的主要观点。

五、本章课后辅导题答案及分析

一、名词解释

1. 理性预期是经济个体在有效地利用一切信息的前提下，对经济变量作出的在长期中平均说来最为准确的，而又与其所使用的经济理论、模型相一致的预期。理性预期由约翰·穆思在其《合理预期和价格变动理论》（1961 年）一文中首先提出。

2. 卢卡斯批评又称卢卡斯批判，是卢卡斯提出的一种认为传统政策分析没有充分考虑到政策变动对人们预期影响的观点。卢卡斯在《计量经济学的政策评价：一个批判》一文中指出，由于人们在对将来的事态做出预期时，不但要考虑过去，还要估计现在的事件对将来的影响，并且根据他们所得到的结果而改变他们的行为。这就是说，他们要估计当前的经济政策对将来事态的影响，并且按照估计的影响来采取政策，即改变他们的行为，以便取得最大的利益。行为的改变会使经济模型的参数发生变化，而参数的变化又是难以衡量的。因此，经济学者用经济模型很难评价经济政策的效果。

3. 菜单成本是指不完全竞争厂商每次调整价格要花费的成本，这些成本包括研究和确定新价格、重新编印价目表、将新价目表通知销售点、更换价格标签等所支付的成本，是厂商在调整价格时实际支出的成本。因为产品价格的变动如同餐馆的菜单价目表的变动，所以，新凯恩斯主义者将这类成本称为菜单成本。另有一类成本是厂商调整价格的机会成本，它虽不是厂商实际支出的成本，但同样阻碍着厂商调整价格，也被称为菜单成本。

二、判断题

1. 错。因为工资和价格的黏性，经济经常会出现失衡状况，这时货币政策不仅是必要的，而且也是有效的。

2. 对。合同的长期性是工资黏性的一个理由。

3. 错。因为虽然存在理性预期，但是价格和产出却可以因为预料之外的原因而发生波动。

4. 错。因为新凯恩斯主义者借鉴和吸收了新古典宏观经济学的部分观点，理性预期就是其中之一。

三、简答题

1. 答：在短期中，当物价水平背离了人们预期时，由于错觉、黏性工资或黏性价格的作用，供给量就背离了由各类生产要素所决定的自然水平。当物价高于预期水平时，供给量就高于其自然率；当物价水平低于预期水平时，供给量就低于其自然率。因此，短期总供给曲线向右上方倾斜。一般来说，短期内价格的黏性主要可用黏性工资和菜单成本等理论来解释。

（1）利用黏性工资来说明短期供给曲线向右上方倾斜。工资在一定的幅度内不能随需求的变化作出迅速的调整；因而，黏性工资影响劳动力的需求并进而影响产出水平。这是因为在市场经济条件下，工资合同一般为长期合同，许多合同持续多年，长于政府针对经济环境的变化作出政策调整的时间，于是，未到期的工资表现为刚性或黏性，即不可调整性。

由于存在长期合同，名义工资率在谈判时首先就确定在合同规定的一定时间内保持不变。如果合同是交错的，那么在冲击面前，与现有合同同时重新谈判以适应新情况的情形相比，名义工资将表现出更大的变动滞后或变动缓慢。新凯恩斯主义者认为，长期劳动合同是实际收入和失业呈周期性变化的原因之一，因为它们在一定程度上限制了工资和价格的灵活性。

（2）利用菜单成本来说明短期供给曲线向右上方倾斜。菜单成本理论认为，经济中的垄断厂商是价格的决定者，能够选择价格，而菜单成本的存在阻滞了厂商调整产品价格，所以，价格有黏性。在一定的幅度内价格并不随着需求的变化而变化，一般物价也具有一定的不可调整性。这也是厂商追求利润最大化的动机所决定的。如果厂商调整价格的成本是明显的，不调整价格收益减少不明显，那么厂商维持原有价格就是理性选择，这将导致名义价格黏性。

2. 答：新凯恩斯主义学派出现于 20 世纪 80 年代。新凯恩斯主义产生的客观条件是，原凯恩斯主义的理论缺陷和新古典宏观经济学在解释现实问题时效微力乏。原凯恩斯主义的不足和新古典宏观经济学在理论上的进展给新凯恩斯主义者以有益的启迪，也产生了新的思想。新凯恩斯主义"新"在以下两个方面：

（1）对新古典学派的观点的肯定和吸收。

新凯恩斯主义者认为，新古典学派的部分观点是能够加以肯定的，从而应该被吸收过来。他们所肯定和吸收的观点大致有以下两个方面：

①理性预期。新凯恩斯主义者虽然并不认为人们最终能够准确地预期到现实的情况，但是，他们也认为，为了自己的利益，人们会尽量收集信息，使他们的预测能够趋于正确；收集的信息不但涉及过去，而且牵涉到未来的事态。

② 微观基础。新凯恩斯主义者同意，宏观经济理论必须符合微观经济学的假设条件，特别是个人利益最大化的假设条件。这就是说，宏观经济理论必须有微观经济学的基础。

（2）对原凯恩斯主义的吸收和修正。

尽管新凯恩斯主义和原凯恩斯主义都坚持市场非出清的假设，但两者的市场非出清理论存在着重大的差别，主要在于：

①凯恩斯主义市场非出清模型假定名义工资刚性，而新凯恩斯主义市场出清模型假定工资和价格有黏性，即工资和价格不是不能调整，但是调整是缓慢的。

② 原凯恩斯主义非市场出清理论缺乏微观基础，没有阐明为什么价格和工资具有刚性，而新凯恩斯主义模型则增加了原凯恩斯主义模型所忽略的两个假定：一个就是经济当事人最大化原则，即厂商追逐利润最大化和消费者追求效用最大化；另一个就是理性预期，这一假设来自新古典宏观经济学。

四、论述题

答：（1）两种理论简介。

新古典主义以个体利益最大化、理性预期、市场出清、自然失业率假说为假设条件，得出了宏观政策的无效性、适应性预期错误论的观点。新凯恩斯主义是 20 世纪 80 年代末在凯恩斯主义理论基础上发展起来的，它以非市场出清假设为理论前提，同时增添了经济当事人最大化原则与理性预期假说，得出了经济可以处于非充分就业均衡、货币工资黏性、经济周期等观点。

（2）两种理论的共同点。

① 新凯恩斯主义与新古典主义都赞同理性预期的假设。新凯恩斯主义虽然并不认为人们最终能够准确地预期到现实的情况，但是他们也认为，人们会尽量收集信息，使他们的预测能够趋于正确，实质上是认同了新古典主义的理性预期的假设。

② 新凯恩斯主义与新古典主义都含有微观经济学基础。新凯恩斯主义与新古典主义都同意，宏观经济理论必须符合微观经济学的假设条件，特别是个人利益最大化的假设条件。

第十一章

西方经济学与中国

一、本章知识鸟瞰图

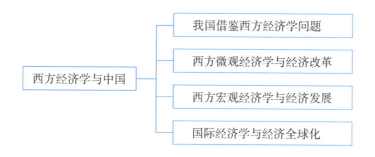

二、本章重点与难点

（一）我国借鉴西方经济学问题

西方经济学理论中包含对市场经济运行和发展的经验总结，对我国改革开放和发展具有参考价值。但是借鉴不是生搬硬套，必须结合我国国情。我国国情和西方国家国情有很多差异，主要有以下几点：第一，从社会制度层面来看，西方国家实行的是资本主义制度，而我国实行的是社会主义制度。第二，从社会发展的历史方位来看，经过长期努力，中国特色社会主义已经进入新时代。在新时代，我国社会的主要矛盾已经转化为人民日益增长的美好生活需要和不平衡不充分的发展之间的矛盾。第三，从中国基本国情来看，我国正处于并将长期处于社会主义初级阶段的基本国情以及我国仍是世界上最大发展中国家的国际地位没有变。

（二） 西方微观经济学与经济改革

我国实行社会主义市场经济体制，尽管这种体制和资本主义市场经济体制有一定差别，但同样也是市场经济，因此西方微观经济学的有些理论对我国进一步深化经济体制改革有值得借鉴之处。具体有如下方面：①均衡价格理论；②商品供求理论；③厂商均衡理论；④要素流动理论；⑤公平竞争理论；⑥优胜劣汰理论；⑦博弈论和信息经济学的一些理论；⑧收入分配与贫富差距理论；⑨市场失灵和微观经济政策理论。

（三） 西方宏观经济学与经济发展

当代西方宏观经济理论对认识和研究我国经济发展问题的参考价值包括：第一，关于国民收入衡量的理论；第二，关于国民收入决定的理论；第三，关于长期经济增长的理论；第四，关于宏观调控的经济政策理论以及宏观经济学不同流派观点的争论。

西方宏观经济学研究国家或地区的总体经济问题，包括国民收入的衡量、决定、波动、发展和调控等。理解并结合我国情况研究这套理论，对认识我国经济发展的过去、现在和将来是有益的。

（四） 国际经济学与经济全球化

经济全球化是人类经济社会不可逆转的历史潮流。"逆全球化"不可能成为历史趋势。中国是经济全球化的受益者，也是贡献者。作为最大的发展中国家，中国将高举经济全球化大旗，积极推进全球贸易，投资自由化，形成全面开放新格局，以惠及中国和世界人民。

三、本章复习与思考题答案

1. 你认为西方经济学是科学吗？为什么？

答：西方经济学的整个理论体系或整体倾向性属于不完全符合科学要求的范畴。说西方经济学并不完全是科学，并不是全盘否定它。西方经济学的整个理论体系在科学性上存在不少问题，主要体现在以下几个方面：

一是西方经济学的理论体系尚未通过实践的检验，因此西方学者目前还只是把西方经济学的理论体系称为"共同认可的理论结构"或"模式"。

二是西方经济学还缺乏科学应有的内部一致性，在理论体系中同时存在两种或两种以上相互抵触的说法。

三是西方经济学在发展演变中所取得的成果缺乏积累性，新理论往往完全排斥旧学说，新旧学说之间不是相互补充而是相互排斥的。

四是西方经济学理论体系的假设条件常常是异常苛刻的，往往难以应用于现实生活。

五是一些西方学者自己也承认，西方经济学不完全是科学。

2. 举出三个西方经济学宣传资本主义的事例。

答：西方经济学是西方经济学家的一整套关于西方市场经济运行与发展的理论。西方国家的市场经济制度就是资本主义经济制度，因此，西方经济学必然要宣传资本主义，这样的事例可谓数不胜数。例如，西方经济学家总说资本主义经济制度是永恒的制度，资本主义经济是最有效率的，资本主义的经济危机是可以用政策加以消除的等。

3. 举出三个西方经济学对我国有用的地方。

答：除了意识形态以外，西方经济学的双重性质也含有市场经济运行的总结这一方面。作为对市场经济运行的总结，这些理论的部分内容尤其是实践联系的总结部分显然对我国的社会主义市场经济具有参考价值。更加具体地说，西方经济学中的部分观点、概念和方法值得我国加以借鉴。例如，在微观经济学中的需求弹性和供给弹性理论对我国做好经济工作具有参考价值；在微观经济学中的成本理论、市场结构理论、市场失灵理论对我国制定经济政策和企业作决策具有参考价值。在宏观经济学中，关于国民收入核算理论和方法，事实上已被我国采用。在国际经济学中，国际金融、国际贸易和国际投资的许多理论对我国具有参考价值。

4. 你认为我们应用西方经济学时应考虑哪些特殊国情？

答：我国的国情无论在范围上还是程度上都与西方国家有很大的差异，主要表现为：

第一，我国是一个发展中国家，目前尚不具备足够的市场机制赖以顺利运行的硬件；市场机制赖以运行的一些制度框架尚不完善。

第二，我国是一个有14亿多人口的大国，人口压力也会使我国市场经济作用的程度和范围受到限制。

第三，我国特有的文化传统也是我们要考虑的国情之一。我国曾长期实行计划经济模式，许多传统观念和行为方式的影响还未完全消除，所以一味推行西方经济学强调的市场经济效率原则必然受阻。

5. 除了本章所列出的四个事实以外，你能否举出其他的容易使初学者误解的事实？请说明理由。

答：西方经济学容易使初学者误解的事实有许多。例如，西方经济理论中许多模型有许多严格的假设条件，但不少初学者往往忽视这些条件，以为这些模型就是可以拿来套用的。再如，目前我国国内的西方经济学教材中介绍的理论，其实主要是美国的主流经济学，而初学者往往认为是世界各国可以通用的理论。

6. 英国著名经济学家罗宾逊夫人说："马克思是在设法了解这个制度（资本主义制度——引者）以加速它的倾覆。马歇尔设法把它说得可爱，使它能为人们接受。凯恩斯是在力求找出这一制度的毛病所在，以便使它不致毁灭自己。"你是否同意这一说法？为什么？

答：同意这一说法。因为马克思是无产阶级革命家，是工人阶级的代表，他研究资本主义制度，是为了消灭这个制度，解放全人类。

马歇尔是自由主义经济学家，他相信资本主义自由竞争制度是一台美妙的机器，通过自由竞争，能实现资源的最优配置，达到社会经济自然的均衡与和谐。他认为资本主义制度是最优越的社会形态。

凯恩斯面对资本主义经济大萧条，认为资本主义制度有毛病，需要医治，否则免不了要走向毁灭。由于他的资产阶级利益捍卫者的立场，因此他力求找出资本主义制度的缺陷在哪里，以便通过国家调节，使资本主义经济制度的毛病得到医治。

可见，这三位经济学家的根本立场和观点决定了他们研究资本主义制度的不同目的、态度、方法和结论。

7. 在学习西方经济学以前，你对"理性的人"和"效率"有着何种理解？

答：在学习西方经济学以前，我们通常不会按西方经济学理论那样去理解"理性的人"和"效率"这类概念。比方说，可能把"理性的人"理解为"有头脑思考的人""有道德高尚的人"，把"效率"理解为"做事快慢""效果"。而不可能像西方经济学理论那样把"理性的人"理解为"经济人"，是追求利益最大化的经济活动主体；不会把"效率"理解为达到帕累托最优状态。

8. 你是否认为 2008 年这场严重的金融危机是对西方的市场有效理论的挑战？

答：2008 年一场由美国次贷危机引发的金融危机席卷了全球，不仅使西方发达国家经济遭受了一次重创，也对现行西方经济理论提出了很大挑战：彻底粉碎了自由的市场经济机制总能有效配置资源的神话。

"有效市场"理论宣称，给定所有公众可获知的信息，金融市场总能正确定价，投资者都会理性地权衡收益和风险这一假设所建立起来的所谓资产定价模型，该模型会指导人们正确选择投资组合，对有价证券包括金融衍生品及其收益的索取权正确定价。在自由化的经济学和金融学理论不断占据上风的同时，美国经济和金融业在实践上也不断走向自由化。传统的西方经济理论总认定，由理性投资者构成的"有效市场"发出的价格信号，通常是正确的。然而，这场由美国次贷危机引发的严重的金融危机告诉我们，事实并不是这样。

这场金融危机告诉我们，资本主义国家由于过分相信经济自由化，所以放弃了应有的监管，而由理性投资者构成的"有效"市场发出的价格信号并不完全可靠。

金融危机的事实表明，经济学家关于经济人具有完全理性的假定是多么地脱离实际。理性预期经济学披上了华丽的数字外衣，但那只不过是一种浪漫化的和经过净化处理的经济现象。这种幻想迷住了人们的双眼，使他们忽视了那些可能出错的风险和因素。

9. 为什么必须正确理解和处理虚拟经济和实体经济的关系？虚拟经济的过度膨胀可能会带来什么问题？

答：虚拟经济指资本以脱离实体经济的价值形态，以票据方式持有权益，按特定规律运动以获取价值增值所形成的经济活动；而实体经济则指物质产品和精神产品的生产、销售以及提供相关服务的经济活动，既包括工、农、交通运输、邮电、建筑等物质生产活动，也包括商业、教育、文化、艺术等精神产品生产和服务。

虚拟经济产生于实体经济发展的内在需要，建立在实体经济基础上，为实体经济服务。虚拟经济对实体经济的促进作用表现在金融的自由化和深化可提高社会资源配置的效率和实体经济运行的效率。资本证券化和金融衍生工具提供的套期保值等服务，可为实体经济提供稳定的经营环境，为企业分散风险，降低实体经济波动引致的不确定性，并且虚拟经济自身发展也能促进 GDP 的增长，为社会提供就业机会。但是，虚拟经济的发展是与投机活动共存的，因为虚拟经济提供的资本配置效率取决于虚拟资本的高度流动性，而这种流动性要靠投机活动来实现，虚拟经济提供的风险规避功能如套期保值业务，其风险也靠投机者来分摊。与实体经济相比，虚拟经济所具有的高风险、高收益特征，很容易吸引大批资金从事这类投机活动，而投机活动过度又会使虚拟经济过度膨胀而形成泡沫经济。泡沫经济主要是一种资产价格过分高于其价值的现象。货币政策失误和金融监管不当是泡沫经济产生的体制性因素。泡沫破裂后所形成的金融危机会对实体经济的发展产生多方面的危害。

近几年来拉美地区和东南亚地区的新兴工业化国家在金融自由化中监管失当而引致的泡沫经济就提供了深刻教训。这次美国次贷危机引发的金融危机同样是由于放松了金融监管，任虚拟经济中的泡沫随意膨胀。从虚拟经济和实体经济关系的角度看，这次危机的发生，根源还在于过去 60 年间美国的经济增长和消费超越了本国生产力的承受能力：一方面在实体经济虚拟化、虚拟经济泡沫化过程中实现了不堪重负的增长，另一方面美国又把这种沉重负担通过美元的世界储备货币地位和货币市场的价值传导机制分摊给全世界。美国过度消费所造成的贸易逆差主要靠印刷美元"买单"。中国、日本和石油生产国居民的过度储蓄和贸易顺差所积累起来的大量美元储备为华尔街金融衍生品的创造提供了条件，并促使其资产泡沫化。看起来美国经济一时异常繁荣，但实际上美国经济已进入 IT 产业周期波段的末尾，缺乏投资机会，大量制造业还已转移到国外，短期内也不可能有大量科技创新项目吸纳资金。因此，这种"繁荣"其实已是泡沫，缺乏实体经济增长作为支撑。于是，虚拟经济过度膨胀形成的泡沫经济终于导致了这场危机。

四、本章课后辅导题

论述题

1. 结合供给侧经济学理论，探讨中国供给侧结构性改革的主要措施及其在提升经济潜在增长率中的作用和效果。

2. 中国在全球化背景下采用西方经济学流派（如古典经济学和新凯恩斯主义）的理论进行宏观经济治理时，有何启示？其弊端是什么？可以提出哪些解决对策？

五、本章课后辅导题答案及分析

论述题

1. 答：供给侧经济学理论强调通过提升经济体的生产能力和效率来实现长期经济增长，主要措施包括减税、放松管制、增加生产要素供应和提高生产效率。

（1）中国供给侧结构性改革的主要措施。

去产能：淘汰落后和过剩产能，特别是在钢铁、煤炭等传统行业，通过优化产业结构，提高整体经济效率。

去库存：通过政策鼓励，消化房地产业和部分制造业的库存，防止资源浪费和价格泡沫。

去杠杆：约束金融杠杆，控制金融风险，避免经济体系因高负债率而不稳定。

降成本：减税降费，降低企业运营成本，特别是中小企业的税收负担，激活市场主体活力。

补短板：加强科技创新、高端制造、环保等领域的投入，提高这些领域的生产能力和竞争力。

（2）作用和效果。这些措施的实施有助于提升经济的潜在增长率和长期可持续性。具体效果包括以下四种。

产能优化：通过去产能，减少了资源的无效利用，使资源更加集中于高效益部门，提升了全社会的生产效率。

库存下降：通过去库存，改善了企业的营运状况，优化了市场供需关系。

风险控制：去杠杆政策有效遏制了金融风险，保障了经济的稳定性。

成本降低：降成本措施减轻了企业负担，尤其是中小企业，提升了市场主体的积极性和竞争力。

然而，由于供给侧改革是一个长期的过程，其效果也需要时间逐步显现。同时，要警惕政策实施中的矛盾，比如去杠杆和保增长之间的平衡、短期经济波动对改革的反复影响等。

2. 答：（1）古典经济学派的启示。

自由市场：古典经济学派主张自由市场和自由竞争，认为市场自我调节能够实现资源最优配置。对于中国而言，可以进一步推进市场化改革，减少政府对市场的直接干预，促进资源更有效率地流动。

国际贸易：主张自由贸易，认为通过国际分工和贸易能够提高所有参与国的福利。中国应坚持开放政策，进一步深化与各国的经济合作，积极参与全球经济治理，维护多边贸易体系。

（2）新凯恩斯主义的启示。

市场失灵的矫正：新凯恩斯主义承认市场存在但并不完美，强调政府在市场失灵时的矫正作用。在中国，政府应在适度市场化的同时，积极发挥其宏观调控职能，弥补市场失灵。

需求管理：在全球化影响下，外部经济波动对中国影响巨大。应结合需求管理政策，通过财政和货币政策应对外部冲击，促进经济平稳运行。

（3）西方经济学理论的弊端。

古典经济学：强调市场自我调节和较少的政府干预，可能在中国导致市场失灵，忽视社会保障和公平问题，导致区域和收入差距扩大。同时，国际市场的波动对中国的经济影响也会变得更加显著。

新凯恩斯主义：虽然同意在经济不景气时实施积极的财政和货币政策，但在中国，这些政策常会引发金融过热和长期债务问题。此外，对国际市场的依赖度增加，也可能带来贸易争端和外部需求波动风险。

（4）解决对策：中国应在推进市场化改革的同时，强化政府在社会保障和公共服务领域的角色，确保公平和稳定。可以通过政策引导支持弱势地区和贫困群体，以缩小城乡和区域差距。

中国可以在国际经济合作中寻求多边和区域性贸易协定以稳定外部需求，同时加强国内市场的自主性和韧性，推进消费升级和内需驱动。此外，通过宏观审慎政策和有序的金融改革，防范和化解系统性风险。